LA PAROLE ÉTERNELLE

SERIE BLEU, LIVRE DEUX

LA BIBLE

ET

LA FAMILLE

Treize leçons bibliques non datées

Éditions Foi et Sainteté
Lenexa, Kansas (États-Unis)

Éditions Foi et Sainteté
Lenexa, Kansas (États-Unis)
978-1-56344-186-8

Rédacteur : Roberto Manoly

Enduring Word : The Bible and the Family
Copyright © 1965
Nazarene Publishing House
Published by Editions Foi et Sainteté

Sauf indication contraire, les citations bibliques renvoient à la version *Segond*. Les italiques et les parenthèses que l'on rencontrera dans les textes bibliques sont du rédacteur.

INTRODUCTION AU TRIMESTRE

La famille moderne est en grand danger. Les progrès de la science et de la technique permettent à l'homme une très grande mobilité et plus d'occasions pour les loisirs, mais produisent en même temps une fragmentation de plus en plus marquée au sein de la cellule familiale.

Dans le passé, il était courant pour papa et maman de se réunir avec les enfants autour de la table de la salle à manger pour discuter des activités du jour et, parfois même, pour passer quelques instants à l'étude de la Bible. De nos jours, hélas, le fait que mari et femme travaillent au dehors, avec des horaires différents, rend les réunions familiales de moins en moins fréquentes et de plus en plus brèves. Autre temps, autres mœurs!

Une telle situation ne manque pas d'affecter les foyers chrétiens et, partant, l'Église. On ne peut néanmoins se croiser les mains et se résigner à accepter un fait accompli; on doit réagir, en cherchant à améliorer la situation et sauvegarder, par-là, l'héritage précieux de la foi «transmise au saints une fois pour toutes» (Jude v.3).

La Bible, le Manuel du chrétien, contient des préceptes qui sont de tous les temps et qui sont utiles pour assurer à la famille qui craint Dieu et veut le servir, une stabilité nécessaire à son développement et son épanouissement, au sein d'une société où les valeurs morales et spirituelles sont nettement en déclin. Le livre par excellence donne tant aux parents qu'aux enfants des directives dont la mise en application est essentielle pour que chaque élément de la cellule familiale puisse contribuer à l'harmonie du foyer. Lisez à ce sujet les recommandations de l'Apôtre Paul en Éphésiens 6.1-4, et de l'Apôtre Pierre en 1 Pierre 3.1-7.

Ces leçons sur la Bible et la famille chrétienne devraient être étudiées non seulement à l'école du dimanche, mais aussi en famille. Il est bon que les parents sachent comment ils peuvent être des modèles pour leurs enfants, tout en les corrigeant et en les instruisant dans la foi. En agissant ainsi, ils feront échec à la délinquance juvénile qui est l'un des fléaux de notre société.

Si l'Église doit être un phare au milieu d'un monde en détresse, ceux qui la composent doivent être comme les vierges sages de la parabole, ayant leurs lampes allumées, dans l'attente de la venue de l'époux, notre Seigneur Jésus- Christ! Ceux qui dorment à l'ombre de la grâce et du salut ne peuvent attirer à Christ ceux qui périssent dans les ténèbres du dehors ou qui sont en danger de faire naufrage sur les récifs de la vie tumultueuse d'aujourd'hui.

Nous tenons à remercier Serge Michel pour sa contribution dans l'exposition des leçons de ce trimestre.

—*Roberto Manoly*

Lecture supplémentaire

PARENTS RESPONSABLES

«Malheur à la cité dont le roi est un enfant» — *Ecclésiaste 10.16*

Un père de famille me raconte le fait suivant: «Avant hier, une camarade de classe est venue inviter ma fille pour une surboum, avec, naturellement, la perspective d'une rentrée tardive. Vivement intéressée, ma fille (de seize ans) a supplié:

— Papa, permets-moi d'aller à cette soirée. Je te promets de ne pas m'attarder trop.

Aussi gentiment que possible et sans formuler de reproches, j'ai répondu:

— Non. Vois-tu, je préfère que tu restes avec nous ce soir.

Si je ne fus pas étonné de voir une ombre de tristesse passer dans les yeux de ma grande fille (qui cependant n'insista pas), je le fus autrement d'entendre son amie s'exclamer tout de go:

— Oh! Comme j'aurais aimé que mon père me dise parfois: *Non!* Ce qui voulait dire en clair: Comme tu as de la chance d'avoir un père responsable qui sait te diriger!»

Cette réponse — authentique — pour surprenante qu'elle soit n'a rien d'insolite. En fin de compte l'enfant (et même souvent l'adolescent qui doit faire l'apprentissage des responsabilités), aime sentir au-dessus de lui une autorité agissante. Une autorité qui, soucieuse de son bonheur, le prend en charge, décide à sa place, se montre sage pour lui et donc le sécurise. Car au fond de lui-même, l'enfant se sait incapable de décider sainement et de se garder lui-même. Aussi quel soulagement lorsqu'il peut s'en remettre à un père qui veille sur lui et n'agit que pour son bien.

* * *

Aujourd'hui, l'enfant est roi. Piètre monarque devant lequel capitulent de piètres parents. Ils ont adopté telles quelles les théories d'une certaine psychologie qui enseigne de ne jamais contrarier l'enfant de peur de le traumatiser pour la vie. Alors, théories d'une certaine psychologie qui enseigne de ne jamais contrarier l'enfant de peur de la traumatiser pour la vie. Alors, on consent à lui dire «oui» en sachant pertinemment qu'il s'égare et se fait du mal. Les enfants soumis de jadis ont cédé la place aux parents obéissants. Il y a transfert d'autorité pour le plus grand malheur de tous. Curieux progrès!

Les parents soumis commettent au moins deux erreurs:

1. D'abord celle de croire qu'il faut céder à tous les caprices de l'enfant pour le satisfaire et se l'attacher. Une maman, ferme d'ordinaire, tenta une expérience avec l'un de ses garçons. Elle décida, pour une journée seulement et dans la mesure du possible, de lui fournir tout ce qu'il réclamerait et de répondre sur le champ à ses moindres désirs, jusqu'à son coucher. Littéralement épuisée au terme de la journée, elle dut avouer: «Je n'ai pas réussi à le contenter durablement. Il exigeait toujours autre chose, et en grognant, par dessus le marché. Il m'a mise sur les genoux.»

Et c'est vrai. On ne contente pas un enfant de cette façon: il est insatiable lorsqu'il n'a qu'à exprimer ses désirs pour les voir satisfaits. D'ailleurs, chacun sait que la vie en rose, la surabondance, ne font pas les gens heureux. Il est reconnu que la plupart des dépressifs se recrutent parmi les nantis, les comblés. Donnez tout à gogo à votre rejeton et vous aurez un enfant grognon, blasé, exigeant, inconscient et désagréable. Ne lui refusez jamais rien et vous perdrez tous les tableaux. L'enfant ne vous témoignera aucune reconnaissance car vous lui aurez fait croire que tout lui est dû et que le monde lui appartient. Cédez-lui constamment et il vous reprochera bientôt de n'avoir «rien dans le ventre». Il finira par vous mépriser et vous rendra responsable, non sans raison, de ses échecs. Et si timidement vous lui faites remarquer qu'il a mal agi, il vous jettera à la figure: «Puisque tu le savais, tu n'avais qu'à m'empêcher de le faire.»

2. Une autre erreur est de croire qu'un refus fera de votre enfant un frustré, un traumatisé qui va nourrir à votre égard une rancœur éternelle. En vérité c'est l'inverse qui se produira. Le «oui» des faibles est le plus funeste des «oui». Le «non» qui vise le bien de l'enfant est la meilleure des réponses. Lorsque le bon sens le commande, consentez à dire le «non» de l'amour:

— Non, il ne faut pas veiller plus longtemps. Il est dix heures et c'est le moment pour toi d'aller au lit.

— Non, je ne te permets pas d'accaparer la conversation à table lorsque nous avons des visites.

— Non, tu ne dois pas reprendre du chocolat.

— Non, je ne veux pas que tu grimpes avec tes chaussures sur le canapé. Apprends à respecter les choses.

Prenez le temps d'expliquer — sereinement — le pourquoi de votre refus et puis montrez-vous ferme. Que votre « non » en soit un vrai, sur lequel on ne revient pas. Ne laissez pas à votre enfant l'espoir de le voir se transformer en « oui », il en serait trop heureux et vous l'inciteriez à revenir sans cesse à la charge pour vous faire fléchir. Or, il insistera d'autant moins que vous lui paraîtrez déterminé. Naturellement, si vous hésitez à fournir une réponse (si vous balancez entre le oui et le non), ne vous hâtez pas de la donner mais demandez un délai de réflexion pour consulter votre conjoint, puis, lorsque la décision est prise, n'y revenez pas.

Plus d'une fois votre fils ou votre fille cherchera à vous vaincre. Il tâtera le terrain afin de vous jauger: il voudra savoir jusqu'où il peut aller avec vous. L'œil en coin, il vous observera pour déceler le défaut de la cuirasse et vous harcèlera les jours où, fatigué, inquiet, accaparé par des visites vous n'êtes pas tout à fait vous-même. Là, il découvrira les limites de votre autorité. Toutefois, il souhaitera secrètement que vous lui résistiez jusqu'au bout. Il serait déçu de l'emporter sur vous car vous perdriez alors son estime.

J'ai assisté à des scènes navrantes dans le genre de celle-ci: Vers la fin du repas, Catherine réclame une part supplémentaire de gâteau. Avec raison, la maman refuse:

— Ma chérie, cela suffit pour aujourd'hui. Tu as assez mangé.

La fillette maugrée puis réitère sa demande, toujours en rognant, sans se soucier de la conversation qu'elle trouble. Finalement, voyant sa mère tournée vers les amis, silencieusement cette fois, elle avance lentement la main vers le plat et s'empare du morceau convoité.

J'ai observé la maman. Consciente du manège elle feint cependant d'ignorer le geste de sa fille et poursuit la conversation tandis que l'enfant enfonce ses dents blanches dans la pâte feuilletée, une friandise bientôt abandonnée car, en réalité, elle n'a plus faim.

Catherine a agi de la sorte parce que maman s'avère incapable de lui résister. Le «non» de tout à l'heure n'était pas un vrai non définitif.

Quoi qu'il en soit, épreuve de force ou non, l'enfant ne devrait pas avoir le dernier mot et les parents ne jamais baisser pavillon. C'est affaire de préséance. Il doit y mettre du sien. Donc, tenez bon en maîtrisant vos émotions.

LES PARENTS S'INTERROGENT

1. Êtes-vous de ceux qui cède facilement aux caprices de leurs enfants, plus disposés à dire oui que non? Donnez-vous parfois ce que vous ne jugez ni bon, ni nécessaire pour eux? Sont-ils heureux pour autant ou se montrent-ils maussades et insatisfaits?

2. Êtes-vous résolus à répondre par d'authentiques «non» lorsque le bon sens et l'amour l'exigeront?

3. Si vous avez le temps, lisez les chapitres un et deux du premier livre de Samuel pour méditer sur les conséquences d'une éducation manquée et 1 Rois 1.6. Ensemble, réclamez la sagesse d'En-Haut pour discerner quand il convient de dire «Non» à votre enfant, surtout s'il est adolescent.

(Extrait de *Nos enfants,* par André Adoul, pp. 21 -25, 2° éd. 1979, Ligue pour la Lecture de la Bible, Guebwiller, France.)

Leçon 1

LE FONDEMENT DU FOYER CHRÉTIEN

PASSAGES BIBLIQUES

Genèse 1.26-30; 2.18-25

VERSET À RETENIR

«Dieu créa l'homme à son image, il le créa à l'image de Dieu, il créa l'homme et la femme» (Genèse 1.27).

BUT DE LA LEÇON

Montrer que le fondement du foyer chrétien comprend trois éléments essentiels: l'homme, la femme, et leur engagement mutuel dans le mariage.

INTRODUCTION

On dit que l'histoire est un perpétuel recommencement. Le croyez-vous vraiment? Et s'il y a eu autrefois des époques troublées, y en eut-il comme la nôtre? Jamais l'humanité ne s'est livrée, comme aujourd'hui, à la course aux plaisirs, à la poursuite des biens matériels, à l'adoration du moi qui, à leur tour, engendrent la rupture des mariages, la décadence familiale, le divorce, le concubinage, etc.

Sauvegarder le mariage et la famille, dans une période si troublée, et maintenir le fondement du foyer chrétien, est d'une importance capitale. Nous allons discuter trois questions fondamentales:

I. Pourquoi Dieu a-t-il créé l'homme? — Genèse 1.26-30

II. Pourquoi Dieu a-t-il créé la femme? — Genèse 2.18-22

III. Pourquoi Dieu a-t-ll institué le mariage? — Genèse 2.23-25

I. POURQUOI DIEU A-T-IL CRÉÉ L'HOMME?
Genèse 7.26-30

Malgré les inventions humaines — nos voitures, nos avions, nos téléphones, nos plans d'énergie qui font de nous des êtres exceptionnels — nous nous demandons encore: pourquoi Dieu a-t-il créé l'homme?

On ne serait pas hors du sujet de demander; «Est-ce que Dieu a vraiment créé l'homme?» Nous constatons que cette merveille de la création souffre la moitié ou tes trois quarts de sa vie quand tout est pour le mieux, remplit les hôpitaux, les prisons, les asiles d'aliénés, se laisse aller à ses pires instincts pour posséder des instants éphémères de joie et de bonheur. L'institution du mariage n'est plus considéré par beaucoup comme étant sacrée. Les enfants se rebellent de plus en plus, les adolescents, devenus isolés et seuls, se mettent en colère contre la vie même. Si telle est la situation, il vaut mieux s'interroger: Dieu a-t-il vraiment créé l'homme, et pourquoi?

A. C'est un fait réel, Dieu a créé l'homme — Genèse 1.26-30

Ces passages bibliques nous disent que Dieu a créé l'homme (les deux sexes) volontairement; Il a créé l'homme selon sa prescience. «Puis Dieu dit: Faisons l'homme ... il créa l'homme et la femme» (1.26-27).

Selon les évolutionnistes (Lamarck, Darwin et leurs disciples), toutes les espèces vivantes descendent les unes des autres par voie de transformations successives, en vertu d'une véritable évolution, les espèces les plus simples ayant donné naissance peu à peu aux plus compliquées. Mais la Bible nous révèle que Dieu a créé les animaux selon leurs espèces; donc, l'homme ne pourrait être un singe évolué. Genèse 1.26-27 nous dit absolument que Dieu créa l'homme à son image et à sa ressemblance.

B. Dieu a créé l'homme pour un but spécial — Genèse 1.26

Il est à noter que la décision de créer l'homme a été prise par un comité (1.26, notez *faisons*). Ce comité divin reflète la collaboration intime du Père, du Fils et du Saint-Esprit. Dieu a voulu partager avec l'homme cette intimité qui existe entre les membres de la Trinité. Par conséquent, Dieu a créé l'homme à son image, selon sa ressemblance; Il le créa homme et femme (1.27). Selon G.B. Williamson l'homme a été donc créé par Dieu avec une capacité immortelle (un être spirituel), morale et intellectuelle (*Commentaire Biblique Beacon*). C'est dans ce sens que l'homme, aidé par Dieu, peut se rapprocher de lui et entrer en communion avec lui.

C. Dieu a créé l'homme afin qu'il soit heureux — Genèse 1.26,28

Il a pris cinq jours pour faire des choses et des espèces vivantes qui pourraient satisfaire les besoins de l'homme. Il a pourvu à la lumière, à l'eau, à la nourriture, aux luminaires, aux animaux, à tous les besoins matériels qui peuvent aider l'homme à être heureux. Il a béni l'homme en lui donnant la responsabilité de féconder, de multiplier et de remplir la terre. Il a ajouté la responsabilité d'assujettir la terre et de contrôler les espèces vivantes (1.22,28).

Dieu veut que l'humanité soit heureuse dès le commencement, mais la déchéance d'Adam et d'Ève a entraîné le contraire. Dieu n'a pas rejeté son but, mais il est nécessaire que l'homme soit changé et transformé par Dieu lui-même. C'est dans ce sens que nous pouvons dire que Dieu continue de créer.

Dieu a choisi des personnes, au cours de l'histoire, pour accomplir son but et sa volonté sur la terre. Nous pouvons citer Moïse, Josué, Abraham, Jacob, Joseph, etc. La personne suprême en qui l'homme peut trouver le changement et la transformation nécessaires, pour établir la collaboration et l'amitié entre Dieu et l'homme est Jésus-Christ, le Fils, qui est la révélation de Dieu lui-même.

La vie de chaque personne a une grande valeur aux yeux de Dieu. Il veut sauver et libérer chaque personne de l'orgueil et de l'égoïsme marqués par la désobéissance aux commandements de Dieu. Celui qui croit au Fils de Dieu a la vie, une vie transformée et éternelle. L'apôtre Paul a bien observé que «si quelqu'un est en Christ, il est une nouvelle créature». Jésus dit à Nicodème: «Il faut que vous naissiez de nouveau.» Dieu veut que l'homme soit heureux, mais son salut par la grâce de Dieu est à la base de toute possibilité d'être heureux.

Questions à discuter:

1. *Que pensez-vous des raisons démographiques et économiques en faveur du contrôle des naissances?*

2. *Dans quelle mesure pensez-vous que la décadence de la famille est causée par l'usage ou l'abus de l'autorité parentale?*

II. POURQUOI DIEU A-T-IL CRÉÉ LA FEMME?
Genèse 2.18-22

La femme, comme l'homme, a été créée à l'image et à la ressemblance de Dieu (1.27). Genèse 2.18-24 révèle la solitude de l'homme en contemplant les animaux des champs et les oiseaux qui passaient -

joyeusement leur temps en compagnie de leurs semblables. L'homme ne trouva point d'être semblable à lui. Il se sentit seul et isolé.

De nos jours, l'homme continue de ressentir ce besoin de partager ce qui lui est le plus cher avec quelqu'un qui est semblable à lui. Malgré la compagnie et l'amusement que pourvoyaient les animaux et les oiseaux, rien ne semblait soulager l'homme de la solitude de cœur et d'esprit qu'il éprouvait. L'homme est parfois seul dans un double sens. Il peut être privé de la présence de ses semblables ou il peut être intérieurement isolé, frustré, hostile à cause des situations qui l'entourent.

Dieu a créé la femme pour être une aide semblable à l'homme, une compagne, celle qui satisfait ses désirs et ses besoins les plus profonds. Réciproquement, c'est l'homme qui satisfait les désirs et les besoins les plus profonds de la femme, sa compagne idéale.

S'il est vrai que les deux sexes sont complémentaires, qu'en est-il du célibat? Il est évident que le mariage et la sexualité sont des dons venus du Très-Haut; cependant, le célibat est un don particulier (1 Corinthiens 7.7). Il est courant de dire que «se marier hors de la volonté de Dieu, est pire que de rester célibataire.» C'est pourquoi l'apôtre Paul dit que chacun devrait chercher à discerner la volonté de Dieu à son égard (1 Corinthiens 7.7-9). S'il est appelé au célibat, c'est que Dieu lui en fait le don; sa solitude pourra être largement compensée par une grande famille spirituelle (1 Corinthiens 4.14-19).

Questions à discuter:

1. *Les deux sexes ont été créés à l'image et à la ressemblance de Dieu. Que pensez-vous de la notion de l'égalité de l'homme et de la femme?*

2. *Si le mariage est dans l'ordre de la création, qu'en est-il de ceux qui demeurent seuls?*

III. POURQUOI DIEU A-T-IL INSTITUÉ LE MARIAGE?
Genèse 2.23-25

Dieu a institué le mariage, et l'a établi dès la création. Le Dr Leslie Parrot définit le mariage comme un ciment spirituel et émotionnel qui joignent deux conjoints pour la vie. Un pasteur ou un juge de paix célèbre un mariage, dit- il, mais c'est Dieu qui l'insti tue et l'établit.

Par le mariage dit-on, Dieu empêche la société humaine d'être une multitude confuse d'individus dispersés. Il l'organise sur la base de la famille dont la cellule est le couple, uni selon sa volonté. Dieu a institué le mariage pour des raisons précises. Le texte biblique en révèle trois.

A. L'unité des conjoints — Genèse 2.23, 24

La femme, étant tirée de l'homme, est l'être semblable à lui qu'il recherche toujours. Adam, inondé de joie à la vue d'Ève, cria: «Voici cette fois celle qui est os de mes os et chair de ma chair!» (2.23). Nous devons souligner que la femme existe par l'homme, et ce dernier existe par la femme (1 Corinthiens 11.12); ayant quitté leurs parents pour fonder un nouveau foyer où les deux conjoints deviennent une seule chair (2.21,24).

Selon le fondement du foyer que Dieu nous a laissé, il paraît que la monogamie est l'idéal prescrit (Genèse 2.18-24; 1 Corinthiens 6.16; Matthieu 19.5). L'union de deux conjoints de sexe différent est la seule forme de mariage qui permet l'unité totale. La polygamie rend une telle unité impossible.

Dans certains pays développés, le nombre de divorces s'accroît à un rythme alarmant. Dans beaucoup de pays la séparation volontaire et le concubinage se multiplient. L'apôtre Paul dit à ceux qui sont mariés de ne point se priver l'un de l'autre (1 Corinthiens 7.5).

B. La continuation de la race — Genèse 2.24; 4.1-2,25; 5.4

Dieu avait ordonné à nos premiers parents, avant leur désobéissance, de se multiplier et de remplir la terre. Une fois que Dieu avait fini d'instituer le mariage, les deux devenaient une seule chair (2.24). La seule façon de continuer la race humaine était par la voie des rapports sexuels entre Adam et Ève. Certains considèrent la sexualité comme étant impure et mauvaise, mais d'autres la regarde comme saine, honorable et importante dans la vie. Les expressions les plus profondes de l'amour et de la loyauté, et les patientes collaborations dans la vie proviennent de la sexualité. Il faut dire que le rapport sexuel est l'unique moyen de propager la race. Mais Dieu veut que tout se fasse dans le contexte du mariage où des parents peuvent élever leurs enfants en leur apprenant à pratiquer le bien.

C. La réciprocité de l'amour

L'homme et sa femme étaient tous deux nus, et ils n'en avaient point honte (Genèse 2.25). Ils s'aimaient d'une affection mutuelle. Les sentiments qu'ils avaient l'un pour l'autre étaient bien réciproques. Si le péché — résultant de la désobéissance — n'était pas entrée dans le drame humain, nos premiers parents ne seraient pas devenus conscients du côté indécent ou négatif de leur nudité.

Nous devons nous rappeler que la satisfaction sexuelle dans le contexte du mariage est un don du Seigneur. L'amour mutuel peut aider les conjoints énormément à traverser les difficultés de la vie. L'amour mutuel est indispensable à la croissance individuelle des conjoints et à la solidité de leur mariage.

Questions à discuter:

1. *Pourquoi la monogamie semble être l'idéal dans le mariage?*

2. *Quelles sont les causes les plus générales de divorces, dans nos communautés?*

3. *Quelle est l'importance des affections réciproques dans le maintien de l'amour conjugal?*

Leçon 2

LE CARACTÈRE SACRÉ DE LA FAMILLE

PASSAGES BIBLIQUES

Exode 20.14; Matthieu 5.27-28; 1 Thessaloniciens 4.1-8

VERSET À RETENIR

«Tu ne commettras point d'adultère» (Exode 20.14).

BUT DE LA LEÇON

Nous aider à comprendre et à pratiquer les enseignements bibliques sur la pureté sexuelle tels qu'ils sont présentés par Moïse, Jésus et Paul.

INTRODUCTION

Il n'y a rien qui soit plus contraire au bonheur du mariage ou qui cause plus de torts au foyer que l'infidélité conjugale. En effet, comment pourrait-on garderie respect mutuel nécessaire à l'épanouissement du mariage si l'un des époux souillait le lit conjugal? Au lieu de l'amour, il y aurait de la jalousie, de l'amertume, de la déception et de la désillusion.

Certaines gens ne voient rien de mal en ce qui concerne l'adultère, la fornication et la débauche. Cependant, les récits bibliques témoignent du contraire. Nous avons un intérêt particulier dans ce sujet puisque les époux sont appelés à garder au mariage son caractère sacré, en préservant le lien conjugal de toute souillure.

Moïse, Jésus et Paul ont parlé de façon nette et claire sur le sujet combien important de la sainteté du foyer selon Dieu. La leçon d'aujourd'hui comprend donc trois parties:

I. Le problème de l'adultère — Exode 20.14

II. L'esprit d'adultère — Matthieu 5.27-28

III. L'appel à la pureté— 1 Thessaloniciens 4.1-8

I. LE PROBLÈME DE L'ADULTÈRE

Exode 20.14

A. Le péché d'adultère

La loi, selon la Bible, est un commandement divin exprimant la volonté de Dieu. Le septième commandement: «Tu ne commettras point d'adultère», est une défense formelle. Dans l'Ancien Testament, ce péché était puni de mort (Lévitique 20.10). De nos jours, l'adultère est considéré tout au plus comme un scandale. Avoir des relations sexuelles avec la femme ou le mari de son prochain est monnaie courante. La télévision et le cinéma présentent à profusion ce genre de relations illicites qui témoignent d'un relâchement excessif des mœurs.

B. Les conséquences de l'adultère

L'adultère, étant une désobéissance à la loi de Dieu, a pour salaire la mort (Romains 6.23). Le péché à sa façon de ronger l'âme ou l'esprit du pécheur. Il peut le rendre coupable, découragé, isolé et dépressif. Il peut engendrer la rupture d'une solide relation autrement pleine de promesses. Le péché d'adultère crée la méfiance et la suspicion entre les époux. Toute maison divisée ne peut longtemps subsister. Bientôt la séparation et le divorce viennent mettre complètement fin à l'harmonie conjugale.

Les enfants issus d'un tel mariage bafoué sont souvent ceux qui pâtissent le plus de l'adultère de leurs parents. De tels enfants peuvent porter durant toute leur vie la marque de ces traumatismes.

Des textes tels que 1 Corinthiens 6.9-10, Hébreux 13.4 et Jacques 4.4 révèlent que le prix de l'adultère est très lourd à payer, dans ce monde ou dans l'autre.

C. La cause fondamentale de l'adultère

L'accès facile aux méthodes de contraception, la pratique légalisée de l'avortement dans plusieurs pays et la «révolution sexuelle» sont des causes souvent citées de l'adultère. Mais la cause fondamentale est liée à nos croyances à l'égard de Dieu et de sa parole, du jugement après la mort.

Si les hommes ne croient pas en Dieu en tant que leur créateur et souverain maître, alors ils acceptent facilement tes théories sur l'évolution des espèces, assimilant l'homme aux singes et aux autres animaux.

Si les hommes ne croient pas en Dieu en tant que Père céleste, alors il leur est facile de croire dans les théories sur le sexe et la violence qui font de l'homme un animal évolué, dénué d'âme ou d'esprit et ne pouvant pas communiquer avec Dieu. Si les hommes ne croient pas dans une vie future, alors ils peuvent facilement adopter la formule: «Mangeons et buvons, car demain nous mourrons» (1 Corinthiens 15.32).

D. Là où tout a commencé

Tout a commencé en Éden, le paradis terrestre, quand «la femme vit que l'arbre était bon à manger et agréable à la vue, et qu'il était précieux pour ouvrir l'intelligence.» Le fruit de la connaissance du bien et du mal: il ne s'agit pas ici de l'acte sexuel — qui était supposé ouvrir l'intelligence — qui a causé la perte de la race humaine. «Telle voie paraît droite à un homme, mais son issue c'est ta voie de la mort» (Proverbes 14.12). Adam et Ève, en désobéissant à Dieu, ont voulu être les maîtres de leur propre destin. C'est ce que nous voulons faire, lorsque nous désobéissons volontairement aux commandements divins.

Question à discuter:

Pourquoi disons-nous que l'adultère est non seulement un péché individuel mais aussi un péché social?

II. L'ESPRIT D'ADULTÈRE
Matthieu 5.27-28

Jésus a donné le sens du septième commandement (Exode 20.14) dans le contexte du sermon sur la montagne. L'adultère est «toute impureté sexuelle en pensée, en parole, en action, ou tout ce qui y tend.»

A. L'enseignement de Jésus au sujet de l'adultère

Jésus savait que l'adultère est conçue à l'intérieur de l'homme ou de la femme avant même la commission de l'acte sexuel. «Quiconque regarde une femme pour la convoiter a déjà commis un adultère avec elle dans son cœur» (Matthieu 5.28). Jésus parle ici d'un homme ou d'une femme qui a déjà conçu dans sa pensée et est enflammé dans son cœur du désir de l'union adultérine, mais pour qui l'occasion ne s'est pas encore présentée.

Il vaut mieux pécher en pensée et se repentir au lieu de conclure que le péché étant commis en pensée doit être aussi commis en action. Ne soyons pas ridicules!

B. La question de culpabilité

Selon ce nouveau niveau de moralité déclaré par Jésus, on se demande toujours qui n'est pas coupable d'adultère?

L'apôtre Jacques nous déclare que quelqu'un est tenté quand il est amorcé et attiré par sa propre convoitise, lorsque cette dernière a conçu, elle enfante le péché, et le péché à son tour produit la mort (Jacques 1.14-15).

Jésus n'a pas déclaré que l'impureté sexuelle en pensée est semblable à l'attraction naturelle entre homme et une femme. Nous avons souligné dans la première leçon que la sexualité est un don de Dieu. La présence et la participation de Jésus aux noces de Cana indiquent qu'il honore le mariage et approuve l'attraction mutuelle de l'homme et de la femme. Nous n'avons pas besoin de nous sentir coupables ou de vivre dans la méfiance de l'autre sexe, si nous marchons selon l'Esprit. Nous avons besoin d'être discrets et honnêtes, et d'éviter les comportements et les conversations qui provoqueraient en nous des désirs impurs. «Ce que Dieu veut ... c'est que chacun de vous sache posséder son corps dans la sainteté et l'honnêteté, sans vous livrer à une convoitise passionnée, comme font les païens qui ne connaissent pas Dieu» (1 Thessaloniciens 4.3-5).

Quelqu'un a dit au sujet de l'impureté sexuelle que l'important est d'éviter le second regard. Regarder une personne est une chose; nourrir des pensées de convoitise à son égard, c'est ce qui entraîne le péché, et c'est ce qu'il nous faut éviter.

Question à discuter:

Pourquoi devons-nous éviter les occasions de nourrir la convoitise charnelle en notre cœur?

III. L'APPEL À LA PURETÉ
1 Thessaloniciens 4.1-8

«Ce que Dieu veut, c'est votre sanctification» (4.3). Dieu nous a appelés à la sanctification (4.7). En ce qui concerne l'amour fraternel, l'apôtre encourage les Thessaloniciens à abonder de plus en plus dans cet amour-là (1 Thessaloniciens 4.10). Il y a une relation très étroite entre la sainteté et l'amour. Nous devons rechercher la perfection de l'amour (Matthieu 5.48). Le théologien allemand Harnack a bien observé que les chrétiens du premier siècle arrêtèrent Rome dans sa course et transformèrent la culture de leur époque en utilisant deux armes : la pureté et l'amour.

A. L'amour agape

L'appel de Dieu à la pureté ou à la sainteté, est aussi un appel à l'amour. Le mot amour traduit plusieurs termes grecs qui ont diverses nuances : *eros* (amour physique, attraction sexuelle) ; *philia* (liens sociaux, liens d'amitié), *agape* (qualité unique de l'amour divin, charité ou l'amour du prochain). Ce dernier terme *(agape)* est ce genre d'amour décrit en 1 Corinthiens 13 et Jean 3.16. C'est un amour débarrassé de tout égocentrisme et qui s'intéresse sincèrement au bien-être d'autrui. Un mariage ne peut se passer complètement de l'attrait physique ; mais pour qu'il soit heureux et durable, il doit être fondé sur l'amour agape.

B. L'œuvre du Saint-Esprit

L'apôtre nous met en garde contre l'impudicité. Celui qui vit une vie pure est en mesure de contrôler ses pensées et ses actes, et de cultiver le fruit de l'Esprit (Galates 5.22). C'est le Saint-Esprit qui peut nous sanctifier et nous aider à vivre une vie de pureté, une vie qui soit eh harmonie avec la volonté de Dieu.

Dieu est fidèle à ses promesses. Ce qu'il a dit, il le fera, en nous et pour nous (1 Thessaloniciens 5.24). Demandons-lui donc de nous sanctifier et de nous préserver de toute chute. Cherchons et nous trouverons (Matthieu 7.7).

Questions à discuter :

1. *Quelle est l'importance de l'amour agape ?*

2. *Comment un croyant peut-Il vivre une vie de pureté ? (Ps. 119.11 ; 1 Cor. 10.12).*

(Lecture supplémentaire à la 2° leçon)

LA PATERNITÉ DE DIEU ET LA PATERNITÉ DE L'HOMME

L'apôtre Paul a écrit les paroles suivantes d'une façon merveilleuses, même si nous ne les avons pas perçues assez souvent: «Je fléchis les genoux devant le Père [de notre Seigneur Jésus-Christ], duquel tire son nom toute famille dans les cieux et sur la terre» (Éphésiens 3.14-15). Il est intéressant de noter que certains anciens manuscrits contiennent les paroles suivantes; «De qui dérive toute paternité dans le ciel et sur la terre.»

Le rapport entre la paternité de Dieu et la paternité de l'homme semble être bien documenté. Andrew Greeley a dit: «Nous trouvons que les hommes et les femmes, quelles que soient leurs croyances, dérivent leur style religieux fondamental de leur père. … Le facteur décisif est de savoir si les choses se passaient bien entre leurs parents, si le père faisait confiance à la mère.»

Gordon Allport nous rappelle que «le sentiment religieux d'un enfant est influencé par les réponses de ses parents à ses interminables 'pourquoi' au sujet des mystères de l'existence.» Les agents les plus puissants dans son monde d'expérience sont ses parents qui lui témoignent de l'amour. Leur rapport avec lui et les explications qu'ils donnent concernant les choses mystérieuses, qu'il ne perçoit que d'une manière obscure, deviennent la base de ses concepts de Dieu et de la religion. Souvent, dans l'esprit d'un enfant, Dieu possède les attributs de son père terrestre ou d'un homme adulte qu'il aime beaucoup. Une illustration frappante de ce fait été confirmée dans une classe d'école du dimanche au Canada, où un enfant de quatre ans insistait que son professeur à l'école du dimanche était Dieu. Ses parents et son professeur eurent de grandes difficultés à corriger ce concept.

La paternité est un facteur fondamental dans la famille humaine. Un père est un initiateur, une source, un prototype pour les enfants. Son influence terrestre et son impact peuvent souvent paraître effacés, car comme les fondations (d'une maison) ils sont souvent cachés. Les fondations ne sont pas posées pour être vues par le public, mais afin de supporter la superstructure. Mais l'influence du père peut être aussi évidente et bien visible. De toute façon, elle est fondamentale au tissu -

spiriteul de la famille, et spécialement à notre concept de Dieu en tant que Père et à notre rapport avec lui.

Au cours de mes récents entretiens et études avec des jeunes et des adultes, j'ai bien documenté cette thèse. Après leur avoir posé des questions sur leurs concepts fondamentaux de Dieu et de leur père terrestre, leurs évaluations de leurs rapports avec les deux, et diverses autres questions, j'ai pu découvrir certains principes assez intéressants.

Les personnes qui ont répondu à mes questions ont identifié quatre concepts fondamentaux de la nature et de la personnalité de Dieu : Souci ou intérêt infini ; créateur-planificateur personnel et infini ; autorité infinie qui discipline ; et providence toute-puissante et infinie. Une étudiante a résumé tout cela en une phrase :

> Dieu, a-t-elle écrit, est un être suprême, créateur de l'univers et de l'homme (ce qui crée un sens de crainte respectueuse), mais il a aussi une relation intime, personnelle, semblable à celle d'un père avec chaque individu (ce qui montre son amour et son intérêt individuel).

À partir de ce changement surgit les perceptions de relations avec Dieu comme Père. Certaines personnes qui ont répondu à nos questions ont été très frappées par l'intérêt et le souci personnel de Dieu, son guide personnel et sa présence créatrice personnelle. Une ménagère, considérant le souci et l'intérêt personnels de Dieu, a fait remarquer : « J'en ai la preuve dans mes conversations de dévotion avec lui, alors que je lui fais part de certains petits détails, pour me rendre compte soudainement qu'il en est déjà au courant. »

Elle continua en identifiant l'autel de famille, au foyer où elle avait passé son enfance, comme étant la source de sa conscience, dès son plus jeune âge, de la réalité personnelle de Dieu. Elle a connu, là, le lien puissant de la dépendance de ses parents sur Dieu. « Ma mère m'enseigna, par son exemple, l'amour de Dieu, dit-elle, mais c'est l'exemple de mon père qui me confirma la personnalité de Dieu. »

Les pères étaient considérés, à l'époque, comme des pourvoyeurs, comme ceux qui maintenaient la discipline, comme des instructeurs et comme des personnes pleines de compréhension. Une fille a fait remarquer qu'elle considérait son Père non seulement comme un pourvoyeur de choses matérielles, mais aussi comme un pourvoyeur de «sécurité, d'amour, de chaleur et de rire.»

Un jeune étudiant, intéressé au sport, fit le commentaire suivant à propos de sa perception du rapport existant entre l'autorité humaine et la discipline divine:

> Le foyer chrétien dans lequel je vivais avait un environnement soutenu par une discipline ferme, mais aussi marquée au coin de l'amour. Mon père ne nous a jamais refusé un bon amusement, sachant que nous en avions besoin pour notre développement. Mais il ne nous a jamais permis de transgresser un principe moral fondamental par une attitude d'insouciance. La confiance découlait de cette autorité fondamentale.

Les relations personnelles des enfants avec leurs pères étaient considérées en des termes très personnels, et décrites par des expressions telles que: intimité, intérêt, celui qui écoute, influence spirituelle, autorité respectée, discipline marquée au coin de l'amour.

Une jeune fille rappela l'intimité et l'intérêt de son père en parlant du sobriquet spécial que lui avait donné son père, et des événements qu'il avait partagés avec elle, sachant qu'ils intéressaient sa fille. «Il m'a donné une partie de lui-même», disait-elle. Un étudiant écrivit: «Je devine que c'est l'influence de mon père ainsi que sa vie qui ont augmenté mon désir de chercher Christ.»

En révisant l'abondance de documentation contenue dans les entretiens et les questionnaires, nous avons été conduits à l'évidence que les concepts que nous avons, ainsi que les rapports que nous avons avec Dieu, sont liés à notre père terrestre. Ceux qui m'ont aidé dans ces recherches ont vérifié les conclusions suivantes de Gordon Allport: «Parmi ceux qui font une place au sentiment religieux dans leur vie ... nous trouvons que les parents sont désignés dans 67 pour cent des cas comme ayant l'influence la plus grande ... Un père terrestre ivrogne, rebelle, empêche souvent, par son attitude, un enfant de dire avec sincérité: 'Notre Père'.»

Il y a plusieurs observations que cette étude suggère:

1. *L'influence du père dans les concepts religieux et l'expérience spirituelle de ses enfants est fondamentale.*

Cette observation est fortement vérifiée par la réponse de deux personnes qui ont perdu leur père par le divorce ou la séparation durant les années tendres de leur enfance. Le jeune homme admit que c'est grâce aux parents mâles du côté maternel qui faisaient figure de «pères», et l'intérêt que lui ont porté deux jeunes hommes dans l'Église qu'il fréquentait, qui ont empêché sa vie d'être brisée. Une jeune femme, répondant au questionnaire, a dit: «Les pères étaient quelque chose que d'autres enfants avaient. Je me sentais différente, mais non dépourvue. ... Toutefois, l'absence de mon père avait naturellement ses conséquences.»

2. *La tâche d'un père bien que perçue et définie sur le plan externe comme pourvoyant aux besoins matériels de sa famille, est toutefois identifiée comme englobant fondamentalement la sécurité spirituelle et émotionnelle de sa famille.*

3. *La discipline d'un père est plus complexe que celle d'une mère. Cette discipline est quelque peu effacée peut-être à cause de son absence prolongée du foyer.*

Une personne qui a répondu au questionnaire a fait remarquer que bien que sa mère appliquait la discipline la plupart du temps, elle n'agissait qu'en fonction de l'autorité de son père. Un jeune homme faisait remarquer comment la maturité l'aidait à être reconnaissant de la discipline de son père marquée au coin de l'amour, et qu'il reconnaissait un parallèle dans son concept de la discipline de Dieu avec celui de son père terrestre.

4. *L'autorité d'un père est fondamentale au bonheur des enfants, et constitue la plate-forme pour l'obéissance à l'autorité de Dieu.*

Des conversations répétées avec les jeunes et les adultes mettent en relief cette réalité. Ils affirment tous que Dieu est juste et qu'il exige une vraie relation avec lui; mais il connaît nos imperfections et nos manquements, et il répond par un amour plein de pardon. Fondamentalement parlant, Dieu n'entre pas en relation avec nous légalement, mais il établit une relation personnelle avec nous. L'une des personnes ayant répondu à notre questionnaire a expliqué cela en disant:

Ma foi en Dieu a peut-être été rendue plus facile à cause de ma confiance dans mon père, même si je ne le comprenais pas toujours. Fondamentalement, l'autorité de mon père inscrite dans ma vie m'a permis de répondre plus facilement à l'autorité de Dieu et aux exigences de Christ.

5. *La création physique de la vie par le père est en parallèle avec la création infinie de Dieu et sa sustentation de tout ce qui existe.*

Un étudiant a écrit: «Mon papa m'a donné la vie, et Dieu me l'a donnée aussi. La vie que mon père m'a donnée passera bientôt, mais la vie que Dieu me donne est pour l'éternité.»

6. *L'expérience d'une relation de partage et de souci avec Dieu est ancrée dans ce genre de relation avec un père.*

Quand un père est distant, peu abordable et pratique de l'absentéisme dans la famille, les enfants ont une grande difficulté à établir une relation personnelle et vivante avec Dieu.

Les paroles de Paul sont si merveilleusement vraies, quand, par l'inspiration du Saint-Esprit, il nous rappelle que c'est de Dieu le Père que toute paternité dérive sa validité et sa réalité. Il semble évident que les pères doivent méditer périodiquement sur leurs relations avec leurs enfants. La qualité des rapports non verbaux et souvent inconscients qui nous lient à nos enfants ont une influence irrévocable sur leurs relations spirituelles avec le Dieu tout-puissant. Il semble tout aussi évident que les hommes dans nos Églises doivent développer une vigilance quant aux besoins qui existent parfois dans la vie des enfants qui sont privés de leurs pères naturels.

L'essence même de la paternité, à la fois humaine et divine, c'est le don d'une partie de soi-même à sa famille — émotionnellement et spirituellement, aussi bien que physiquement. Le lien entre les petits enfants et leurs mères est bien sûr important, mais le lien suprêmement vital entre les pères et leurs enfants détermine les relations spirituelles.

—Neil Hightower

Leçon 3

L'AMOUR AU NIVEAU LE PLUS ÉLEVÉ

PASSAGES BIBLIQUES

Cantique des cantiques 4.7-10; Osée 3.1-3; 11.9; Matthieu 10.37-39

VERSET À RETENIR

«Celui qui conservera sa vie là perdra, et celui qui perdra sa vie à cause de moi la retrouvera» (Matthieu 10.39).

BUT DE LA LEÇON

Aider l'étudiant à identifier et à décrire les quatre dimensions du bonheur dans le mariage.

INTRODUCTION

«S'il est vrai que la richesse, la puissance, les honneurs, la santé contribuent au bonheur et même parfois dans une large mesure, il est également vrai que ce bonheur n'est jamais complet s'il n'est pas accompagné de la satisfaction d'aimer et d'être aimé», écrit Maurice Tièche.

Si nous nous tournons du côté particulier de l'amour réciproque d'un homme et d'une femme nous observons que c'est là que l'amour atteint son point culminant. Mais c'est aussi là qu'il rencontre ses plus cruelles défaites. Nous voulons donc encourager le bonheur dans le mariage en décrivant les quatre dimensions de l'amour:

I. La dimension de l'attraction sexuelle — Cantique 4.7-10

II. La dimension de l'abandon de soi dans l'amour — Osée 3.1-3

III. La dimension de l'amour de Dieu — Osée 11.9

IV. La dimension de l'engagement total de l'amour — Matthieu 10.37-39

I. LA DIMENSION DE L'ATTRACTION SEXUELLE

Cantique des cantiques 4.7-10

Le Cantique des Cantiques prouve plus que tout autre livre biblique, la beauté de la sexualité humaine, sans ignorer les malheurs et les catastrophes qui en dérivent quand on se passe des lois qui la régissent.

A. Toute belle et sans défaut — Cantique 4.7

Il semble que quand on est amoureux, on cesse de faire appel à la raison. Existe-il vraiment une personne qui soit toute belle et qui n'ait point de défaut? (4.7). L'adage suivant est vrai en quelque sorte: «La beauté et l'amour sont dans les yeux de la personne qui est éprise.» Dieu, qui est amour, nous crée avec de tels désirs et de tels sentiments. Nous sommes faits pour aimer et être aimés. L'amour nous fait souvent fermer les yeux sur les imperfections de l'être aimé ou tout au moins les placer au second plan. L'Église, épouse de Jésus-Christ, n'est pas parfaite, mais il veut la rendre telle. Éphésiens 5.25-28 fait une analogie entre l'amour de Christ pour son Église et l'amour d'un homme pour sa femme.

B. «Viens avec moi, … ma fiancée» — Cantique 4.8

C'est un appel exclusif dans le but de se donner l'un à l'autre entièrement. Ils s'attacheront mutuellement, ils deviendront une seule chair, ils renonceront à toute autre personne pour former une nouvelle association, une union de caractère sacré. Ils seront l'un à l'autre d'une loyauté parfaite. «Viens avec moi, ma fiancée afin que je puisse exprimer mon amour.»

L'amour s'exprime en termes romantiques: musique, poésie, calme brise, arômes et parfums, des heures de tête-à-tête dans les bois et les sous-bois de nos campagnes. Tout cela contribue à maintenir la chaleur romantique de l'amour.

L'amour s'exprime aussi en termes rédempteurs. L'épouse est aux anges. Ses yeux rayonnent d'allégresse. Son sourire inspire son époux. Ils ressentent l'un pour l'autre une mystérieuse attraction. Par delà l'attrait physique, il existe entre les conjoints une communion de cœur et d'esprit.

C. L'extravagance de l'amour

L'amour est extravagant en langage, dans l'usage du temps, et dans la volonté de donner. «Tu me ravis le cœur, ... ma fiancée; tu me ravis le cœur par l'un de tes regards» (Cantique 4.9). Cet exemple se révèle dans l'action du père de l'enfant prodigue, et dans le récit où Marie lava les pieds de Jésus avec un parfum de grand prix (Luc 15.20-24; Jean 12.3).

D. L'attraction physique et la réponse de l'amour

S'il arrive aux jeunes filles de se laisser prendre par les qualités extérieures des jeunes hommes, il arrive aussi que les hommes soient le jouet des apparences. La beauté, particulièrement les attire, comme la lumière d'une lampe attire les insectes. Mais nous savons bien qu'une vie de mariage ne peut pas se reposer uniquement sur la beauté extérieure (Proverbes 6.25; 31.30), Car la beauté intérieure, cette «parure intérieure et cachée dans le cœur» (1 Pierre 3.4) subsiste longtemps après que l'aspect extérieur se sera modifié et que la flétrissure des ans auront fait leurs ravages. Certaines beautés sont vaines, mais une personne belle de cœur et d'esprit apporte à son partenaire stabilité et tranquillité.

Question à discuter:

Pourquoi est-il important que l'attrait physique se complète par les attributs du cœur et de l'esprit?

II. LA DIMENSION DE L'ABANDON DE SOI DANS L'AMOUR

Osée 3.1-3

Le professeur Neva Miller a bien dit que le livre d'Osée représente Jean 3.16 dans l'Ancien Testament. Au niveau humain cette histoire est vraiment incroyable. Comment se peut-il qu'Osée s'est mis à rechercher une femme qui l'a quitté pour se prostituer et qui a perdu toute velléité de retourner à lui? Selon la loi cette femme devrait être lapidée, mais l'amour, plus fort que la mort, a inspiré Osée à poursuivre sa dulcinée. C'était l'histoire d'Israël et de Jéhovah; c'est l'histoire de Dieu et du monde contemporain.

A. L'acception sans condition de l'un ou de l'autre

Comment peut-on aimer une femme aimée d'un amant, adultère et esclave de la prostitution? Telle a été la question qu'Osée adressa à l'Éternel qui y a répondu ainsi: «Aime-la comme l'Éternel aime les -

enfants d'Israël,» un peuple livré à la prostitution, à l'idolâtrie, et l'adultère.

C'est ici l'amour qui accepte une personne non pas pour ce qu'elle a ou ce qu'elle est, mais pour ce que la personne peut devenir par la grâce de Dieu. Osée a pris Gomer (1.3) pour l'avoir et la garder pour le meilleur et pour le pire. Il a laissé de côté sa fierté, les «on dit», la loi rigide de Moïse, pour aller à la recherche de sa femme. C'est là un symbole de l'immuable amour de Dieu pour son peuple. Il n'y a rien qui soit plus précieux à l'amour qui espère tout et donne tout (3.2).

B. Vulnérabilité de l'amour

Osée a témoigné sa loyauté et son ardent désir d'avoir Gomer avec lui indéfiniment, bien qu'il ne pouvait être sûr qu'elle lui serait fidèle. Osée lui dit: «Reste longtemps pour moi, … ne sois à aucun homme, et je serai de même envers toi» (3.3).

Question à discuter:

> *L'amour peut-il être à la fois fort et vulnérable? (voir Cantique 8.6; 2 Corinthiens 12:9-10)*

III. LA DIMENSION DE L'AMOUR DE DIEU

Osée 11:9

Il est évident que l'amour d'Osée pour Gomer a pris sa source dans l'immuable amour de Dieu, parce que les attraits physiques ou extérieurs de Gomer ne pouvaient pas l'inspirer à cette extrémité. Certains pensent même que l'histoire d'Osée est allégorique.

A. L'amour de Dieu ne s'irrite point — Osée 11:9

Malgré l'infidélité et l'idolâtrie du peuple Israël Dieu ne les avait pas abandonné. De nos jours, la vengeance serait le chemin à suivre, mais Dieu dit: «Je n'agirai pas selon mon ardente colère» (11.9). Dans un contexte contemporain, Osée aurait été justifié par un acte de divorce, de séparation et même de remariage. À la base de la rupture des mariages modernes est l'absence de l'amour de Dieu. L'aspect physique *(eros)* et l'aspect social *(philia)* de l'amour ne suffisent pas — comme nous l'avons vu dans la leçon précédente — à rendre un mariage vraiment fort et heureux. Il faut y ajouter l'aspect divin (l'amour *agape*). Voyez Psaume 127.1 et 1 Corinthiens 13.

B. L'amour de Dieu est immérité

Dieu n'aime personne en raison de sa beauté, de sa fortune, de ses origines, de son éducation et de ses talents. Il nous aime parce qu'il est amour. On ne peut rien faire pour mériter l'amour de Dieu.

Nous pouvons recevoir cette qualité d'amour comme des personnes qui marchent selon l'Esprit; et nous pouvons produire cet amour comme fruit du Saint-Esprit en nous. Par conséquent, que l'on soit de caractères, de qualités ou de défauts opposés ou similaires, on ne peut s'entendre sur le plan conjugal qu'à la condition d'y mettre de la bonne volonté, c'est-à-dire d'aimer volontairement et avec compassion.

C. L'amour de Dieu subsiste malgré l'indifférence des hommes

Dieu n'a jamais cessé d'aimer son peuple ou sa création malgré l'indifférence, l'ignorance ou la négligence des hommes.

Osée a découvert, des siècles avant la venue du Christ, que Dieu nous aime sans limite ni contrainte. Étant donné que nous sommes créés à l'image de Dieu, nous sommes appelés à pratiquer l'amour de Dieu — l'amour *agape* les uns à l'égard des autres. Les époux sont donc invités à pratiquer la patience dans leur amour mutuel. Voyez 1 Jean 4.7-12 et Éphésiens 5.33.

Question à discuter:

Comment peut-on appliquer l'amour de Dieu dans le mariage?

IV. LA DIMENSION DE L'ENGAGEMENT TOTAL DE L'AMOUR

Matthieu 10.37-39

La dimension complète de l'amour est l'engagement total, c'est-à-dire elle aboutit au mariage proprement dit. C'est là quelque chose de très important.

A. L'amour dans la mariage, plus fort que celui que nous témoignons à nos parents — Matthieu 10.37

L'idée centrale dans ce contexte, c'est que l'engagement total par voie de mariage va au-delà de l'amour pour les parents (Matt. 10:37). Les deux deviennent une seule chair comme deux morceaux de métal fondus dans un même récipient. L'engagement est total dans le sens qu'il doit être permanent.

B. L'engagement total aide à mieux résoudre les problèmes — Matthieu 10.38

L'engagement total ne supprime pas automatiquement les difficultés. Selon les paroles de Jésus, chacun doit porter sa croix. Mais dans le mariage le fardeau de l'un est allégé par le soutien permanent de l'autre.

C. Plénitude dans l'engagement total — Matthieu 10.39

«Celui qui conservera sa vie la perdra, et celui qui perdra sa vie à cause de moi la retrouvera.» Jésus parle ici d'un engagement total du serviteur à l'égard de son maître. Sur le plan du mariage, cela signifie que les époux s'engagent à demeurer loyal l'un à l'autre. Quand deux conjoints se donnent mutuellement dans le contexte du mariage, ils s'engagent l'un à l'autre sans réserve.

L'engagement total de l'amour crée un support mutuel où les couples grandissent et deviennent ce que Dieu désire ardemment qu'ils soient. Il crée le milieu ambiant où les époux peuvent se connaître, s'approcher, s'estimer, s'entraider. Dans le partage permanent des désirs, des aspirations et des sentiments, les époux réalisent leurs rêves chers dans la plénitude d'une union sous le regard de Dieu et avec Sa bénédiction.

Question à discuter:

Dans quelle mesure pensez-vous que l'entraide mutuelle aidera à faire face aux obstacles de la vie?

(Lecture supplémentaire à la 3° leçon)

L'ART D'AIMER

L'Ecclésiaste dit que l'amour est plus fort que la mort. Indiscutablement, la plus grande force de l'univers à la maison et au dehors, c'est l'amour. Aucune, autorité, aucune contrainte ne saurait obtenir ce qu'il obtient, aucune habileté opérer les miracles qu'on lui doit. L'équilibre de la société, constamment compromis par les rivalités, les luttes pour le pouvoir ou la réputation, est rétabli par l'amitié qui unit ceux qui recherchent les intérêts d'autrui avant les leurs. Dans les Églises, quel que soit leur nom, ce n'est pas l'organisation qui conduit au progrès, ce n'est pas l'argent qui réalise les plans, c'est l'amour qui s'empare des hommes et les met en état de rendre la vie plus utile et plus belle. C'est lui encore qui les pousse à voler au secours de ceux qui vivent dans les ténèbres et ne connaissent aucun des avantages de la civilisation.

Contrairement à ce qu'on croit, l'amour est la plus grande puissance du monde politique. Les nations font la course aux armements; sans cesse elles se procurent des moyens nouveaux pour se défendre ou envahir, mais elles ne sont vraiment prospères que lorsqu'elles sont dirigées par des hommes à l'esprit éclairé et au cœur large, conscients des intérêts des autres nations et capables de trouver les moyens pacifiques de faire prospérer leur propre pays sans inconvénient pour les voisins.

Pourtant nul ne sait ce qu'est l'amour. Comme pour l'électricité, on en perçoit les effets, mais on ignore ce qu'il est en réalité. Nous sentons bien qu'il est une force et c'est pourquoi la comparaison avec le courant électrique nous paraît contenir plus de réalités qu'on ne le supposerait tout d'abord. La Bible déclare que Dieu est amour. Elle ne dit pas qu'il a de l'amour, qu'il favorise tout ce qui vient de l'amour véritable, mais qu'il est amour. L'amour constitue, semble-t-il, ce qu'il y a de plus profond, de plus vrai dans la personne même de Dieu; or en même temps Dieu est la source de toute vie. Rien ne nous empêche donc de dire que l'amour c'est la vie. Sans lui aucune vie ne peut subsister et prospérer. Le petit enfant privé de ses parents et des tendres soins dont il est l'objet souffrira toute sa vie de n'avoir pas été élevé dans une atmosphère d'amour. Le cœur de l'homme est particulièrement sensible à toutes les manifestations de l'amour. Il y a des gens qui donneraient toute leur fortune ou la moitié de leur vie, ou qui consentiraient à accomplir des efforts surhumains pour obtenir un peu de sympathie ou d'affection. S'il est vrai que la richesse, la puissance, les honneurs, la santé contribuent au bonheur et même parfois dans une large mesure, il est également vrai que ce bonheur n'est jamais complet s'il n'est accompagné de la satisfaction d'aimer et d'être aimé.

Malheureusement, comme toutes les choses excellentes, l'amour comporte des contrefaçons et l'on arrive même à ce paradoxe que ce qu'il est convenu d'appeler amour constitue généralement une des manifestations les plus grossières de l'égoïsme. Il est bien entendu que nous nous plaçons à un point de vue tout différent et que nous considérons ici l'amour non seulement dans le cas où il unit l'homme et la femme, mais dans tous ceux où il rapproche les cœurs, les âmes, les bonnes volontés et fait vibrer ensemble des êtres, quels qu'ils soient, qui s'accordent pour vivre mieux, pour s'aider mutuellement dans la poursuite d'un même idéal. Qu'il s'agisse d'amitié, de camaraderie, d'affection, d'amour paternel ou filial, d'amour conjugal, le fond est toujours de l'amour, l'amour qui unit, qui transforme, qui aplanit les difficultés, qui met de l'huile dans les rouages parfois compliqués de l'existence ou de la société.

Si l'on comprend une fois que l'amour est le grand ressort, la grande puissance dans le ciel et sur la terre, on aura définitivement saisi le secret de la vie. Un problème se pose-t-il? Une difficulté se présente-t-elle? Un malheur est-il menaçant? Donnez libre cours à l'amour, à l'amour vrai bien entendu, et tout s'arrangera, tout s'aplanira et en tout cas la sérénité profonde de celui qui aime restera intacte et sa confiance entière. C'est bien ce que l'Évangile a signalé lorsqu'il a prescrit à l'homme son devoir unique: aimer Dieu et son prochain. Pour aimer Dieu qu'on ne voit pas, il faut pouvoir aimer son prochain, que l'on voit, considérer celui-ci comme un membre de la famille, avoir conscience des liens sacrés qui unissent tous les hommes entre eux, puisque malgré leurs différences et leurs particularités, ils ont tous une même origine et sont une création de l'amour de Dieu.

Nous avons pensé jusqu'ici à l'amour en général, mais ce qui préoccupe la plupart d'entre nous, c'est le problème particulier de l'amour réciproque d'un homme et d'une femme. C'est là que l'amour atteint son point culminant. C'est là aussi qu'il rencontre ses plus cruelles défaites. Tout à l'heure nous comparions l'amour à un courant électrique. L'électricité est une force merveilleuse; elle illumine les villes, fait tourner les machines, lance sur les rails des trains rapides, transmet à une vitesse inconcevable des messages d'un bout du monde à l'autre, apporte l'énergie dans les hameaux les plus reculés. Pourtant elle est responsable de bien des morts et de bien des catastrophes. Elle est capable de mettre le feu à un bâtiment et de l'embraser en quelques instants; en une seconde, elle peut tuer un homme. Mais chaque fois qu'elle provoque un accident de ce genre, c'est parce que les lois qui la régissent n'ont pas été rigoureusement respectées. Les conducteurs n'ont pas été suffisamment isolés, l'homme imprudent a touché au fil chargé d'un haut potentiel et le résultat a été un malheur.

De même l'amour a ses lois. Respectées, reconnues, elles permettent d'utiliser avec le maximum de résultats heureux cette puissance -

extraordinaire. Négligées au contraire, elles attirent les pires désastres. Dans ce cas cette puissance de vie devient une puissance mort. Il faut donc connaître la loi de l'amour, surtout dans le cas particulier qui nous préoccupe. Or cette loi, Dieu l'a prononcée le jour même où il a créé un homme et une femme et les a mis ensemble. Elle se trouve dans Genèse 2.24: «C'est pourquoi l'homme quittera son père et sa mère et s'attachera à sa femme, et ils deviendront une seule chair.» Cette loi répond malgré sa simplicité à toutes les questions qui se posent à propos de l'amour de l'homme et de la femme. Il s'agit d'un homme et d'une femme, il n'est pas question d'un harem, d'une succession de mariages ou de divorces. Il est spécifié que l'homme s'attachera à sa femme, se tiendra à ses côtés, fidèle, ferme, compréhensif; enfin que tous deux deviendront une seule chair, renonceront à former une autre association que celle-là en dehors de cette union sacrée et seront l'un vis-à-vis de l'autre d'une loyauté parfaite.

(Extrait de *Vivre* par Maurice Tièche, Editions S.D.T., 1967, pp. 135-142)

Leçon 4

COMME CHRIST A AIMÉ L'ÉGLISE

PASSAGES BIBLIQUES

Éphésiens 5.21-33; 1 Pierre 3.1-2,7

VERSET À RETENIR

«Soumettez-vous les uns aux autres dans la crainte de Christ»
(Éphésiens 5.21, version Synodale).

BUT DE LA LEÇON

Nous aider à voir la relation entre Christ et son Église comme un
modèle de la relation entre l'homme et son épouse.

INTRODUCTION

Une jeune femme chrétienne du nom de Karen Howe a fait cette
observation:

> J'ai écouté un message d'un pasteur qui dura une heure de
> temps. Le sujet était le rôle des maris et de leurs épouses. Il a pris
> cinquante-neuf minutes pour discuter le devoir de la femme de
> se soumettre et d'obéir et une minute pour faire cette conclu-
> sion: «Maris, vous devez aimer vos femmes comme Christ a aimé
> l'Église. Cela veut dire que vous devez être prêts à mourir pour
> elles.»

Pour cette jeune chrétienne, le pasteur semblait dire que le rôle
principal de son mari serait de la sauver de la bouche d'un lion ou de la
main d'un assassin. Elle pensait toutefois que la majorité des femmes ne
veulent pas que leurs maris meurent pour les sauver; elles veulent plutôt
que leurs maris vivent pour elles. La mort de Christ n'est qu'une relation, la résurrection en est la clé. Christ vit à présent pour l'Église.

Nous allons considérer dans cette leçon les points suivants:

I. LE PRINCIPE DE LA SOUMISSION MUTUELLE
Éphésiens 5.21

La soumission mutuelle est très importante au bonheur et au progrès du mariage. Si l'un ou l'autre cherche à dominer la relation conjugale, il est fort possible que le mariage ne va pas réussir. De même si l'un se comporte en dictateur et l'autre agit comme son sujet, le mariage est voué à l'échec.

L'apôtre Paul invite les époux à se soumettre l'un à l'autre dans la crainte de Christ (5.21). Quand on parle de mariage on parle d'unité, et les décisions à prendre dans la vie doivent mettre en relief cette unité. Il y a des cas où la femme doit se soumettre aux conseils de son mari. Dans d'autres cas, c'est l'homme qui doit prêter attention à l'opinion de son épouse. La considération mutuelle est nécessaire au développement harmonieux de l'union.

Question à discuter:

> *Pourquoi est-il important pour les époux de prendre des décisions en commun?*

II. LE DEVOIR DES EPOUSES
Éphésiens 5.22-24

Personne ne peut remplacer la dévotion, l'amour d'une femme qui par sa présence inonde de bonheur les membres de son foyer. Une femme peut avoir une cuisinière, une servante pour s'occuper des travaux domestiques, des gardiens pour accompagner les enfants à l'école, mais rien ne suffit pour combler le vide durant son absence.

A. La soumission au mari

«Femmes soyez soumises à vos maris, comme au Seigneur … de même que l'Église est soumise à Christ» (5.22,24).

Ce passage biblique est souvent mal interprété par de nombreux maris qui y voient un prétexte pour mener leurs épouses par le bout du nez. Ils prennent des décisions sans les consulter. Cela empêche la soumission mutuelle qui est indispensable au bonheur dans le mariage.

L'idée de soumission implique le fait pour la femme de céder le pas à son mari en ce qui a trait à la direction du foyer, à cause de l'amour et du respect qu'elle a pour lui. Mais il est des cas où l'homme cède aux désirs de sa femme — ce qui peut modifier le cours de leur existence de façon irréversible. Ce fut le cas pour Abraham, lorsque Sara lui suggéra de prendra Agar pour concubine (Genèse 16.1-6).

B. Le rôle du mari

Quand la Bible décrit le rôle du mari comme le chef de la femme, elle ne dit pas que le mari est plus intelligent que la femme, ou qu'il a plus de valeur que sa femme, ou qu'il doit être un dictateur au lieu d'être un dirigeant et un amoureux. La femme a été créée à l'image et à la ressemblance de Dieu, pour être une aide et non pas une servante.

L'homme est considéré comme le chef responsable de sa famille parce qu'il est fort physiquement, parce que certaines tâches sont généralement dévolus aux hommes, et parce que c'est ce qui semble être normal dans nos sociétés.

Question à discuter:

La position de chef de famille accordée à l'homme lui donne-t-il le droit de traiter sa femme comme bon lui semble?

III. LE DEVOIR DES MARIS
Éphésiens 5.25-31

Un foyer ne peut pas être idéal sans la présence d'un père ferme et amoureux. Le mari qui exerce la soumission mutuelle, qui prend des décisions pour le bien-être de sa famille, qui se comporte à l'endroit de sa femme en tant qu'aide et non comme sa servante, s'attire le respect de son épouse. Paul parle de la responsabilité des maris de la manière suivante:

**A. Aimez votre femme de la façon la plus excellente —
Éphésiens 5.25**

Paul exhorte les maris à aimer leurs femmes dans le sens le plus profond du terme: comme Christ a aimé l'Église. Le mari doit se livrer lui-même pour sa femme (5.25). Il existe un certain équilibre entre la soumission de la femme et l'amour du mari. Le mari qui revient au foyer après une journée de dur labeur doit quand même s'intéresser aux besoins de son épouse au lieu de chercher à satisfaire uniquement ses propres désirs.

**B. Occupez-vous de votre femme comme vous prenez soin
de vous-même — Éphésiens 5.28-29**

Le texte est clair et précis. Le mari doit aimer sa femme comme son propre corps, c'est-à-dire, lui accorder le même traitement. Un homme compréhensif et soigneux pourvoira, dans la mesure de ses moyens, aux besoins de repos, de loisirs, de vacances, de confort, de protection de son épouse.

Les maris doivent nourrir leurs femmes et prendre soin d'elles comme Christ le fait pour l'Église (5.29). On s'adresse ici non pas à la nourriture alimentaire, mais aux besoins physiques, émotionnels et psychologiques des femmes. Elles ont besoin d'aide avec les enfants, de communiquer d'une manière intime avec leurs maris. Le mari attentif doit pouvoir offrir, en toutes circonstances, le support moral, émotionnel et affectif dont son épouse a besoin.

C. Séparez-vous émotionnellement de vos parents — Éphésiens 5.31

Ce verset reprend le texte de Genèse 2.24. L'homme doit cesser de dépendre sur l'affection de sa mère, par exemple, pour s'attacher à sa femme. Hélas beaucoup d'hommes mariés se laissent dominer par leurs parents et leur conjoint en ressent les effets négatifs.

Question à discuter:

Comment les époux peuvent-ils devenir une seule chair tout en gardant leur identité particulière?

IV. LE GRAND MYSTÈRE

Éphésiens 5.32-33

L'union de Christ et de l'Église est un grand mystère. Le mystère du mariage réside dans l'union de deux personnes, et l'équilibre entre l'amour et le respect. Les époux créent entre eux une intimité, un lien d'amour qu'on ne peut expliquer d'une manière complète et définitive. «L'amour est fort comme la mort. ... Quand un homme offrirait tous les biens de sa maison contre l'amour, il ne s'attirerait que le mépris» (Cantique 8.6,7). L'amour vrai va au-delà des richesses, de l'éducation, des classes sociales, etc.

L'amour de Christ pour son Église, tout comme l'amour d'un homme pour une femme sont deux mystères, ce qui n'enlève rien à leur réalité.

V. LA FEMME CHRÉTIENNE ET LE MARI INCONVERTI

1 Pierre 3.1-2

C'est le cas où l'un des conjoints devient chrétien tandis que l'autre demeure inconverti. Le fait que l'un des deux n'est pas converti ne justifie pas le divorce. Au contraire il est possible de gagner le non-croyant au Seigneur par la conversation et la conduite du conjoint chrétien. La femme devenue chrétienne devrait accorder à son mari inconverti toute l'attention à laquelle il est accoutumé.

L'apôtre Paul met toutefois les chrétiens en garde contre les mariages avec des inconvertis (voir 2 Corinthiens 6.14 et 7.1).

Aux femmes qui sont dans la foi, l'apôtre Pierre leur recommande de chercher à gagner leur conjoint à Christ par l'exemple d'une vie chrétienne de respect, d'obéissance et de révérence.

VI. LES RÉACTIONS D'UN MARI AIMANT

1 Pierre 3.7

L'apôtre Pierre nous conseille d'exercer de la compréhension en vivant avec nos femmes en tenant compte de leur nature plus délicate.

Chaque femme a besoin de la sagesse de son mari. Pierre exhorte le mari à apprécier, honorer et respecter sa femme.

S'il est important de faire des compliments aux étudiants et aux employés, à combien plus forte raison les maris doivent complimenter et apprécier leurs femmes. La responsabilité spirituelle est une autre réponse d'un mari chrétien. Les maris doivent hériter avec leurs femmes de la grâce de la vie éternelle. Les maris sont des dirigeants spirituels au foyer. Heureuse est la famille où le mari partage et soutien la vie spirituelle au foyer. Ceux qui agissent de cette façon évitent tout ce qui pourrait servir d'obstacle à leurs prières.

Question à discuter:

Quelle est la responsabilité du mari selon 1 Pierre 3.7?

Leçon 5

LES PARENTS : DES MODÈLES

PASSAGES BIBLIQUES

Josué 4.20-24 ; 2 Timothée 1.1-5 ; 3.14-15

VERSET À RETENIR

«Je marcherai dans l'intégrité de mon cœur, au milieu de ma maison»
(Psaume 101.2*b*).

BUT DE LA LEÇON

Aider les étudiants à comprendre la responsabilité des parents comme
modèles pour leurs enfants.

INTRODUCTION

Les plus grands professeurs ne se trouvent pas dans les salles de
classe, mais au foyer. Les plus grands professeurs ne donnent pas des
examens, des devoirs, et des notes, mais ils sont des parents qui donnent
de bons exemples à leurs enfants. Les parents représentent le programme scolaire et le foyer les salles de classe. Le temps que la mère et le
père passent avec leurs enfants, compense grandement tout le temps que
l'enfant passe dans les écoles, à l'école du dimanche, ou à l'Église.
L'influence des parents sur les enfants continue d'être un important
facteur dans le comportement des enfants et adultes même après la mort
des parents.

Notre leçon comporte trois points :

I. Les racines de la tradition familiale — Josué 4.20-24

II. Les parents comme des enseignants — 2 Timothée 1.1-5

III. La qualité du programme d'enseignement —
2 Timothée 3.14-15

I. LES RACINES DE LA TRADITION FAMILIALE

Josué 4.20-24

Une question a été posée ainsi: «Quand devons-nous commencer à élever nos enfants?» Quelqu'un y a répondu: «cinquante ans avant leur naissance.» Cela signifie que l'éducation des parents et des grands parents détermine dans une large mesure, l'éducation des enfants.

A. L'obligation des parents envers leurs progénitures — Josué 4.21-22

L'obligation des parents consiste à instruire les enfants en ce qui concerne les grands moments du passé. Selon Josué l'intervention de Dieu dans la traversée du Jourdain était quelque chose de grande importance que l'on devait transmettre aux descendants d'Israël. Une éducation de la sorte aidait assurément à la formation des enfants en ce qui concerne leur conception de Dieu, et le lien existant entre Israël et l'Éternel.

Les parents chrétiens doivent donc inculquer à leurs enfants une formation concernant les choses du passé afin qu'ils aient une base solide quant aux fondements de leur culture et de la tradition religieuse dans laquelle ils sont élevés.

B. La mémoire du passé — Josué 4.20-22

Le passage biblique qui se trouve dans Josué 4.20-22 révèle combien il est nécessaire d'éduquer les enfants au sujet des choses du passé, leurs origines et les traditions familiales. Plus que l'abri, la nourriture et le vêtement est l'éducation qui permet de former l'intelligence et le caractère, et à préparer avec soin le futur. Une conception de Dieu qui mènera à une relation avec Dieu est l'obligation des parents envers leurs progénitures.

Cette mémoire du passé devrait inclure les héros nationaux qui ont libéré le pays de l'esclavage ou de la domination étrangère, ceux qui ont lutté, au prix de leur vie, parfois, pour préserver le patrimoine national. Les parents auront soin de faire des applications spirituelles de ces faits.

Le but ultime de l'instruction parentale selon ce passage est que tous les peuples sachent que la main de l'Éternel est puissante et que les descendants aient toujours la crainte de l'Éternel, leur Dieu.

Question à discuter:

Pourquoi est-il important pour les parents d'instruire les enfants sur les choses du passé?

II. LES PARENTS COMME DES ENSEIGNANTS
2 Timothée 1.1-5

A. Une mère qui enseigne — 2 Timothée 1.5

Eunice était la mère de Timothée. Paul voit en Timothée la foi sincère qui était en sa mère, ce qui confirme ce proverbe biblique: «Instruis l'enfant dans la voie qu'il doit suivre; et quand il sera vieux, il ne s'en détournera pas» (Proverbes 22.6). Eunice était une enseignante remarquable qui a laissé son empreinte sur la vie de son enfant. Ce qu'une mère enseigne à son enfant pendant les premières années de sa vie restera comme une tache indélébile.

B. Une grand-mère qui enseigne — 2 Timothée 1.5

Avez-vous noté cet exemple de la passation de la tradition familiale comme le fait Paul? La foi sincère qui était en Timothée venait de sa mère Eunice et de sa grand-mère Loïs! Dans certains pays, les enfants ont tendance à rejeter la tradition de leurs ancêtres pour adopter une autre influence étrangère. Paul, au contraire, «rend grâces à Dieu que ses ancêtres ont servi, et qu'il sert avec une conscience pure» (2 Timothée 1.3). Loïs avait instruit sa fille Eunice qui, à son tour, a instruit son fils, Timothée. Les grand-mères, par ailleurs, disposent de beaucoup de temps et elles aiment les passer avec leurs grands enfants qu'elles aiment tant.

C. Paul, le père spirituel — 2 Timothée 1.2-4

Il semble que Loïs et Eunice étaient des veuves. Paul n'a rien dit à l'égard de leurs maris, bien que nous sachions que le père de Timothée était Grec (Actes 16.1). Timothée était fortuné d'être l'enfant spirituel de Paul. L'apôtre Paul s'adresse à Timothée comme à son enfant bien-aimé (1.2). Il se souvient de Timothée continuellement dans ses prières (1.3). Il désire le voir afin d'être rempli de joie (1.4). Chaque enfant a besoin d'un père ou d'un homme qui lui tienne lieu de père, un homme qui peut lui servir d'exemple et lui inculquer les bonnes qualités et les vertus de grandeur d'âme.

Paul a conscience du fait que l'humanité de demain sera en grande partie ce que feront les enfants d'aujourd'hui. Ne voulant pas que Timothée fasse faillite, il s'est mis à lui inculquer la fermeté dans la foi, l'intégrité et la constance dans les travaux du ministère.

Questions à discuter:

1. *Comment les parents chrétiens peuvent-ils s'inspirer de l'exemple de la mère et de la grand-mère de Timothée?*

2. *Pourquoi l'enfant a-t-il grand besoin d'un père qui lui sert de modèle?*

III. LA QUALITÉ DU PROGRAMME D'ENSEIGNEMENT

2 Timothée 3.14-15

Ce passage parle de la qualité du programme d'éducation que les parents doivent accorder aux enfants en bas âge au foyer.

A. «Demeure dans les choses que tu as apprises» — 2 Timothée 3.14

Il y a toujours des matières de base à apprendre. L'enfant commence par apprendre la lecture, l'écriture, l'arithmétique et la religion. Tous ces sujets peuvent être enseignés à l'école. Cependant, l'attitude et le niveau d'encouragement, le climat d'étude à la maison permettent de déterminer un facteur important en ce qui concerne la qualité, la quantité et la réussite des choses à apprendre.

B. «Demeure dans les choses que tu as ... reconnues certaines» — 2 Timothée 3.14

Un enfant a toujours besoin de se sentir sûr de soi, certain et assuré, mais ce sentiment de sécurité et de confiance ne vient que du foyer.

L'enfant a besoin d'être assuré par la grâce et la paix qui viennent de Dieu. L'enfant a besoin d'être aimé et accepté sans condition aucune de ses parents. L'enfant a besoin d'être assuré de sa propre valeur en tant qu'une personne digne de cette valeur.

C. «Sachant de qui tu les as apprises» — 2 Timothée 3.14

Certaines gens commandent le respect par leur attitude. Paul dit: «Demeure dans les choses que tu as apprises ... sachant de qui tu les as apprises.»

Les enfants issus de foyers où l'autorité est respectée se comportent généralement en société comme des citoyens exemplaires. L'une des causes importantes de la délinquance juvénile est l'attitude des parents peu respectueux des règles et des normes.

D. La Bible est le Livre des livres —2 Timothée 3.15

Timothée connaissait les Saintes Écritures dès son enfance. La Bible est le livre de base à mettre à la portée des enfants. L'enfant qui a passé plusieurs années à fréquenter l'école du dimanche, peut apprendre quelque chose de la communauté chrétienne, de l'amour divin, de la bonté de Dieu, du ministère. Cependant, selon ce passage, la chose que l'enfant doit avoir est la connaissance de la Bible et le respect pour son contenu.

E. Un enfant a besoin du salut — 2 Timothée 3.15

L'enfant a besoin de connaître la Bible, non pas dans le but de la mémoriser et la réciter, mais afin qu'il puisse parvenir au salut par la foi en Jésus-Christ. C'est là la qualité essentielle de toute bon programme d'éducation spirituelle. C'est un grand privilège que d'amener un enfant au salut en Jésus-Christ! Beaucoup de gens peuvent aider un enfant à recevoir Jésus-Christ, mais les personnes qui devraient s'en charger au premier chef sont le père et la mère.

N'oublions pas que la connaissance des Saintes Écritures peuvent donner la sagesse qui conduit au salut par la foi en Jésus-Christ. Que les parents prennent donc à cœur d'étudier la Parole de Dieu avec leurs enfants.

Question à discuter:

Pourquoi est-il important d'enseigner très tôt la Parole de Dieu?

Leçon 6

LES INFLUENCES MONDAINES

PASSAGE BIBLIQUE
Matthieu 6.19-34

VERSET À RETENIR
«Cherchez premièrement le royaume et la justice de Dieu; et toutes ces choses vous seront données par-dessus» (Matthieu 6.33).

BUT DE LA LEÇON
Nous avons besoin d'identifier les influences du monde sur la vie familiale d'aujourd'hui, et ensuite trouver des solutions venant de la parole de Dieu.

INTRODUCTION
Les pressions que les choses du monde exercent sur la vie de l'homme sont à la base de son état de choc ou de tension. À moins qu'on trouve des solutions pour alléger les contraintes qui affligent la famille, nous risquons de remplir davantage les hôpitaux, et les cliniques.

La leçon basée sur Matthieu 6.19-34 comporte quatre points:

I. L'argent et les biens du monde — Matthieu 6.19-21

II. La déformation des vertus morales — Matthieu 6.22-23

III. Une loyauté divisée — Matthieu 6.24

IV. Les soucis et les inquiétudes — Matthieu 6.25-34

I. L'ARGENT ET LES BIENS DU MONDE
Matthieu 6.19-21

A. La fragilité des biens du monde

La plupart d'entre nous ne sont pas exempts des accidents, des maladies, du chômage et d'autres mauvaises circonstances qui surviennent tout au cours de la vie. Personne ne fait exception à ces choses-là. Celui qui met sa confiance et sa sécurité uniquement dans son habileté et ses

45

talents voit parfois toutes ses espérances réduites à néant. C'est pourquoi Jésus a dit: «Ne vous amassez pas des trésors sur la terre, où la teigne et la rouille détruisent, et où les voleurs percent et dérobent» (6.19). Les trésors terrestres sont vains, ils peuvent être détruits ou volés.

Examinez-vous vous-même pour savoir où est votre trésor; parce que là où est votre trésor, là aussi est votre cœur (6.21).

B. Biens matériels, biens spirituels

Ce qui est essentiel à la vie intellectuelle et spirituelle n'a donc point de prix; aucune somme d'argent ne peut vous le procurer. Cependant, pour posséder des valeurs spirituelles, nous devons avoir la vie matérielle, la vie du corps, cette vie qu'entretiennent les aliments que nous prenons, les maisons qui nous abritent. Il est donc légitime de gagner et de dépenser de l'argent. Toutefois, Jésus nous a mis en garde contre l'argent et les biens du monde parce que les hommes de son temps étaient préoccupés uniquement de ces choses matérielles au lieu de les considérer comme des moyens de progresser spirituellement. Pour eux ces choses étaient des fins pour lesquelles ils vivaient exclusivement.

Question à discuter:

Pourquoi Jésus nous met-il en garde contre l'accumulation excessive des biens matériels?

II. LA DÉFORMATION DES VERTUS MORALES
Matthieu 6.22-23

La Bible met souvent en contraste les ténèbres et la lumière. Cette dernière caractérise toujours la pureté, la bonté, la dignité, les vertus morales ou spirituelles. Jésus a enseigné ici que seul un but uni ou une intention pure peut retenir l'être intérieur animé par la présence de Dieu. Si une famille se laisse entraînée par la dévalorisation des vertus morales et spirituelles, il en résulte de la confusion, de la sensualité, des tensions et de l'amertume.

A. Un agent de déformation: l'œil

Si on vous demande quels sont les agents déformateurs les plus importants des vertus morales et spirituelles, vous allez bien sûr répondre selon le pays ou la société dans laquelle vous vivez. L'un de vous peut se référer à l'action néfaste de la télévision; interruption des conversations familiales qui deviennent de plus en plus rares; exposition à la sensualité et à la violence; un mauvais départ en ce qui concerne les priorités dans la vie des enfants. L'œil est un organe très important. Mais à force de regarder des choses négatives, il peut nous porter à avoir une vision déformée de la réalité.

B. La lampe du corps

Jésus nous dit que l'œil est la lampe du corps. Trop peu de lumière dans l'œil et trop de lumière sur la rétine peut causer la cécité. Nos yeux spirituels doivent être bien éclairés par la Parole de Dieu. «La révélation de tes paroles éclaire» (Psaume 119.130).

Gardons des yeux clairs et non déformés par les divers objets que le monde fait miroiter à nos yeux. «Si ton œil est en bon état, tout ton corps sera éclairé» (Matthieu 6.22*b*).

Question à discuter:

Pourquoi devons-nous garder nos yeux spirituels en bon état?

III. UNE LOYAUTÉ DIVISÉE
Matthieu 6.24

Mamon est la personnification de la richesse ou de l'argent (6.24; Luc 16.9,11,13). Dieu nous a mis en garde contre le matérialisme: l'amour des biens de la terre. «Celui qui aime l'argent n'est pas rassasié par l'argent, et celui qui aime les richesses n'en profite pas. C'est encore là une vanité» (Ecclesiastes 5.9).

A. L'impossibilité de servir deux maîtres — Matthieu 6.24

Dans l'antiquité, l'esclave était à la disposition de son maître sept jours par semaine. Dans une telle condition, il ne pouvait rentrer au service d'un second maître.

De même, nous ne pouvons servir à la fois Dieu et les richesses. Ou bien nous mettons Dieu à la première place, ou bien nous dévouons notre temps et nos énergies à la poursuite des biens matériels qui, d'ailleurs, n'assurent pas le bonheur.

B. La position du chrétien

Le chrétien qui marche selon l'Esprit, et qui est contrôlé par Dieu et non pas les richesses et les possessions, doit savoir qu'il est un - serviteur de Dieu. Il doit toujours dire: «À l'Éternel la terre et ce qu'elle renferme, le monde et ceux qui l'habitent» (Psaume 24.1). Il n'y a pas de biens matériels qui soient plus important que les êtres humains. La priorité des personnes sur les choses est incalculable. Malgré la priorité qu'on donne à la richesse dans la société capitaliste, possessions et richesses devraient être secondaires par rapport aux relations humaines et familiales.

Question à discuter:

Comment le matérialisme s'exprime-t-il dans votre société ou dans votre famille. A-t-il diminué votre sentiment de loyauté à votre famille ou à Dieu ?

IV. LES SOUCIS ET LES INQUIÉTUDES

Matthieu 6.25-34

A. Une leçon sur les priorités

Jésus a dit aux disciples «ne vous inquiétez pas» en ce qui concerne la nourriture et le vêtement. Il est tout à fait légitime d'avoir de la nourriture, des vêtements et un abri, autrement l'humanité cesserait d'exister. Les soucis et les inquiétudes à propos de comment gagner et retenir les choses ont détruit plus de santé mentale, physique, et spirituelle qu'on ne se l'imagine. Jésus enseigne donc dans ce passage Matthieu 6.24-35 la dépendance totale de l'homme sur Dieu!

Jésus considère ces inquiétudes comme étant injustifiées, car il est naturel de manger, de se vêtir, et de s'abriter; mais qu'arrive-t-il quand on est privé de ces nécessités? Il faut demander, chercher, et frapper (Matthieu 7.7-11), mais ne pas s'inquiéter au point de recourir à des moyens illégaux. Rien au monde ne vaut la perte de la confiance en Dieu et de la dépendance sur lui. Quand l'homme affirme son indépendance, il ne fait que se rappeler sa déchéance.

Jésus enseigne aux disciples une leçon sur la priorité. La priorité de la vie n'est pas la richesse, l'argent, les vêtements, une maison, la nourriture, etc., mais le royaume et la justice de Dieu. Nous devons chercher le royaume de Dieu et sa justice pour nous-mêmes et aussi pour les autres.

B. La foi bannit l'inquiétude

Jésus considérait les personnes qui se souciaient et s'inquiétaient des besoins légitimes et du lendemain comme des «gens de peu de foi»! Il a voulu leur enseigner à croire en lui et à dépendre sur lui, parce que la confiance totale en lui produit la sécurité. Jésus a promis la sécurité dans cette vie en se référant aux oiseaux du ciel et à l'herbe des champs (6.26-31). La sécurité est une question de providence. Jésus a déclaré à propos de nos besoins: «Votre Père céleste sait que vous en avez besoin» (6.32*b*).

L'inquiétude, par conséquent, accuse Dieu indirectement d'être limité dans sa connaissance ou d'être indifférent. L'inquiétude porte atteinte à l'intégrité de Dieu. Trouver le royaume de Dieu, c'est trouver la vraie satisfaction!

C. Inquiétudes au sujet du lendemain — Matthieu 6.34

Il y a, bien sûr, un niveau de souci, à propos du lendemain, qui est marqué au coin de la prudence. Il vaut mieux, par exemple, se faire du souci au sujet de la solidité du toit de notre maison, de l'éducation des enfants, de la pension de retraite et des résultats probables de notre santé, au lieu de nous nous laisser aller à des dépenses extravagantes concernant les loisirs et l'habillement, par exemple.

Mais il y a des choses contre lesquelles, l'inquiétude ne pourra rien:

(1) La vieillesse et, éventuellement, la mort.

(2) Le changement inéluctable et annuel des saisons; les catastrophes naturelles, tels que tornades, cyclones, tremblements de terre, etc.

(3) Le souci au sujet des enfants qui grandissent — et qui passent par une crise de croissance — ne les changera ni ne les protégera.

Jésus dit donc avec raison: «Ne vous mettez donc pas en souci pour le lendemain; car le lendemain aura soin de ce qui le concerne» (6.34 *Synodale*). En d'autres termes, ne vous faites pas du souci pour des choses qui sont au-delà de votre contrôle.

Question a discuter:

Pourquoi devons-nous éviter de nous faire du souci pour certaines choses?

Leçon 7

MARIAGE ET CÉLIBAT

PASSAGES BIBLIQUES

Luc 10.38-42; 1 Corinthiens 7.7-9,25-28,32-34,36-37

VERSET À RETENIR

«Que chacun marche selon la part que le Seigneur lui a faite, selon l'appel qu'il a reçu de Dieu» (1 Corinthiens 7.17).

BUT DE LA LEÇON

Aider l'étudiant à apprécier l'appel particulier et le don personnel du Seigneur en ce qui concerne une vie de célibat.

INTRODUCTION

Dans les leçons précédentes nous avons traité le mariage comme la norme biblique et sociale. Mais il nous faut nous poser la question suivante: qu'en est-il de ceux qui demeurent seuls et quelle doit être notre attitude à leur égard dans la société?

Les passages bibliques que nous allons considérer font état de plusieurs célibats. Il y a ceux qui ne veulent pas se marier, ceux qui ne sont pas encore mariés et ceux qui demeurent célibataires en vue de se consacrer à l'œuvre du royaume de Dieu.

Le fait que la plupart des personnes se marient exerce une pression sociale sur ceux qui vivent seuls. Cette demande de conformité sociale entraîne parfois de mauvais ménages. Nous devons nous rappeler que «chacun tient de Dieu un don particulier, l'une d'une manière, l'autre d'une autre» (1. Corinthiens 7.7).

Notre leçon comporte donc les points suivants:

I.   Deux sœurs célibataires — Luc 10.38-42

II. Le retour au célibat— 1 Corinthiens 7.7-9

III. Virginité et mariage — 1 Corinthiens 7.25-28,36-37

IV. Le célibat et le service chrétien — 1 Corinthiens 7.32-34

I. DEUX SŒURS CELIBATAIRES

Luc 10.38-42

En dépit des contraintes sociales, chacun est libre de rester célibataire, s'il le juge bon.

Marthe et Marie étaient deux sœurs qui démontraient une grande maturité. Elles habitaient dans leur propre maison. Il semble qu'elles ne dépendaient pas de leurs parents émotionnellement et financièrement. Elles avaient assez de place dans leur maison pour loger des visiteurs, comme Jésus par exemple. Elles étaient autonomes ou indépendantes en tant que personne.

Chacune des deux avait sa propre personnalité. Marthe travaillait toujours. Elle était une perfectionniste et une admirable hôtesse. Marie aimait contempler, converser et écouter. Elle ne faisait pas souvent la cuisine et ne s'occupait pas des travaux domestiques comme Marthe. Selon Jésus, Marie a choisi la bonne part, c'est-à-dire d'écouter la parole de Dieu aux pieds de Jésus (10.39,42). Marthe s'inquiétait et s'agitait pour beaucoup de choses (10.41). Elle aimait mettre les points sur les i.

Que tu aimes Marthe ou Marie, cela ne change rien à la situation. Le fait est qu'elles étaient toutes deux des personnes mûres qui vivaient ensemble; elles étaient autonomes et indépendantes par nature. Elles occupaient une maison où les visiteurs pouvaient séjourner confortablement.

Question à discuter:

Que prouve l'exemple de Marthe et de Marie?

II. LE RETOUR AU CÉLIBAT

1 Corinthiens 7.7-9

Nous observons que la mort, l'abandon et le divorce portent des personnes qui ont été mariées à retourner à la vie célibataire.

A. L'apôtre Paul était un célibataire

À l'époque où Paul a écrit ce passage on ne doute pas qu'il était célibataire (7.7). Cependant, étant un pharisien qui a suivi strictement toutes les traditions et un membre du Sanhédrin (Actes 26.10), certains commentateurs pensent que Paul s'était probablement marié une fois. Si cela est vrai, que sa femme l'ait abandonné ou qu'elle fût morte, l'apôtre a décidé de rester seul en vue de se consacrer au sainte - ministère.

B. Avantages et désavantages du célibat

Le célibat comporte certains désavantages dont le plus important est la solitude. Il est vrai que beaucoup de personnes mariées souffrent de solitude, à cause du manque d'attention de leur conjoint. Et puis il y a la vie sociale qui, d'une manière générale, favorise les couples et les familles. Il y a aussi les frustrations causées par le manque d'intimité et de soutien qu'une personne de l'autre sexe pourrait accorder.

Par contre les célibataires jouissent de certains privilèges. Tout d'abord le célibataire peut disposer beaucoup plus de son temps que les personnes mariées. Il peut aussi décider en toute liberté de ses loisirs et de ses projets de vacances et de voyages. Il peut modifier ses plans et ses projets plus rapidement. Même ceux qui étaient mariés et qui sont re-devenus célibataires peuvent se sentir libérés de certaines contraintes, si l'union qu'ils avaient contractée ne leur avait pas apporté les joies aux-quelles ils s'y attendaient.

C. Les conseils de Paul sur le célibat

Selon Paul, le célibat peut être un don particulier. Il conseille à ceux qui ne sont pas mariés et aux veuves de demeurer comme lui, s'ils le peuvent (7.7-8).

L'apôtre souligne qu'il est bon de rester seul, si l'on pratique la con-tinence. Il fait comprendre que l'on doit choisir entre la continence et le mariage, «car il vaut mieux se marier que de brûler» (1 Corinthiens 7.9b). Notons que l'apôtre n'impose pas le célibat comme le fait les dogmes de certaines religions, et ce qui est contraire au dessein de Dieu et à l'Écriture (1 Timothée 4.3).

Questions à discuter:

1. *Pourquoi plus de gens préfèrent se marier que de rester célibataires?*

2. *Était-il interdit aux apôtres et à ceux qui remplissaient des fonctions sacerdotales dans l'Église primitive de se marier? (voir 1 Corinthiens 9.5; 1 Timothée 3.2; Tite 1.6)*

III. VIRGINITÉ ET MARIAGE
1 Corinthiens 7.25-37

A. Les vierges

Le mot «vierge» doit être placé ici dans son contexte culturel. Paul s'adresse dans ce contexte à des jeunes filles qui étaient sous la tutelle de personnes chargées d'accorder l'approbation préalable à leur mariage. Ces personnes pouvaient être des parents ou des tuteurs. Dans l'antiquité le mariage de jeunes gens par leurs parents ou tuteurs était chose courante.

Notons aussi que l'apôtre ne veut donner ici que son opinion et ses conseils personnels. Il semble que l'apôtre s'inquiète de la venue de temps difficiles, précédant la fin du monde, et qu'il aimerait voir ces jeunes rester célibataires — s'ils le pouvaient — afin de leur épargner des «tribulations dans la chair» (7.28). L'apôtre pensait que la période de temps précédant la venue du Seigneur était très courte (7.29,31). C'était un jugement personnel que l'Écriture n'a pas confirmé du reste. Des siècles ont passé depuis, et nous attendons encore la seconde venue.

De nos jours, les jeunes doivent être avertis de l'importance et des obligations du mariage, afin qu'ils puissent s'y engager en connaissance de causa

B. Caractère honorable du mariage — 1 Corinthiens 7.28

«Si tu t'es marié, tu n'as point péché; et si la vierge s'est mariée elle n'a point péché.» L'apôtre montre ici que le mariage est un acte honorable. Le fait pour deux personnes de sexe opposé de se marier est tout à fait normal et légitime. Car, comme l'a dit l'apôtre auparavant, «il vaut mieux se marier que de brûler» — le mariage est préférable à l'impudicité.

Questions à discuter:

1. Un parent a-t-il le droit d'imposer le célibat à son fils ou à sa fille?

2. Pourquoi les jeunes doivent-ils être bien imbus des obligations du mariage?

IV. LE CÉLIBAT ET LE SERVICE CHRÉTIEN

1 Corinthiens 7.32-35

Paul a souligné les avantages de ceux qui se font célibataires à cause du saint ministère. Ces gens demeurent seuls volontairement, «à cause du royaume de Dieu» (1 Corinthiens 9.5,15; Matthieu 19.12). Le célibataire est moins encombré des affaires de la vie et du désir de plaire à son conjoint; il peut davantage se consacrer à un certain service du Seigneur sans distraction (7.32-35). Si quelqu'un est appelé au célibat, c'est pour lui la meilleure manière de glorifier Dieu.

A. Le cas de Paul

Dans le mariage, le mari et l'épouse sont préoccupés par les obligations qu'ils se doivent l'un à l'autre. Dans le cas de Paul, deux choses sont à considérer.

1. S'il était marié, il aurait beaucoup de difficulté à voyager si loin et si souvent.

2. Il n'aurait pas été aussi efficient dans l'œuvre du ministère, ou bien son mariage en souffrait beaucoup.

Paul a écrit le quart du Nouveau Testament, et une bonne partie du livre des Actes concerne son ministère. Il a été à la fois évangéliste, missionnaire, théologien et administrateur dans l'Église. Laisser une femme et des enfants derrière soi, dans des conditions pareilles équivaudrait au suicide du mariage. Le cas de John Wesley en est un exemple frappant. Marié à une veuve, ses fréquents déplacements incommodèrent tant son épouse qu'elle finit par l'abandonner,

B. Notre attitude envers les célibataires

Le mariage est la norme; mais il n'y a rien de mal et d'anormal pour un homme ou une femme de vouloir rester célibataire. L'essentiel pour chacun est de s'efforcer de se garder de toute impureté et de toute souillure de la chair et de l'esprit.

L'apôtre montre que ceux qui demeurent célibataires à cause du Royaume de Dieu, s'adonnent à un ministère plus excellent. Cependant, tous ceux qui sont célibataires ne s'adonnent pas nécessairement au service du Seigneur.

Dieu peut se servir tant des personnes mariées que des célibataires dans le ministère chrétien. C'est le cas de Paul (célibataire) et de Pierre (qui était marié — 1 Corinthiens 9.5). Mais les célibataires, jouissant de plus de liberté par rapport aux personnes mariées, peuvent consacrer davantage leur énergie à l'œuvre de Dieu sur la terre. De telles personnes méritent notre approbation, notre encouragement et notre soutien.

C. Chacun doit choisir

Puisque nous ne vivons plus dans la société antique, chacun est libre de se marier ou de rester célibataire. L'on ne doit pas se marier à cause des pressions familiales ou sociales, car on pourra le regretter plus tard. Mais, d'un autre côté, on doit veiller à ne pas faire planer le doute sur son caractère par une attitude libertine.

Il est préférable d'attendre que de faire un mauvais choix, il est tout aussi préférable de se marier que de vivre dans l'impudicité.

Question à discuter:

Comment pouvons-nous obtenir, dans l'Église, de meilleurs rapports entre les couples mariés et les célibataires?

Leçon 8

COMMENT ELEVER LES ENFANTS

PASSAGES BIBLIQUES

Deutéronome 6.4-9; 11.18-25

VERSET À RETENIR

«Si quelqu'un n'a pas pris soin des siens, et principalement de ceux de sa famille, il a renié la foi, et il est pire qu'un infidèle» (1 Timothée 5.8).

BUT DE LA LEÇON

Aider l'étudiant à voir l'importance, les moyens et les résultats des qualités que l'éducation doit donner à un enfant

INTRODUCTION

Dans les annales de l'histoire de l'éducation des enfants de Dieu, le livre du Deutéronome a occupé une place spéciale. C'est dans ce livre que les enfants de Dieu ont appris à s'approprier la foi de leurs pères, et à la transmettre à leurs propres enfants.

Chaque famille chrétienne est en passe d'extinction d'une génération à l'autre. La foi vivante n'est pas transmise à travers les gènes. Elle est enseignée et acceptée par chaque nouvelle génération. Dieu n'a pas de petits enfants. Il est un Père et non pas un grand-père.

Notre leçon tourne autour des trois points suivants:

I.   La simplicité et la puissance de l'éducation — Deutéronome 6.4-5

II. Instructions pratiques pour l'enseignement — Deutéronome 6.6-9

III. Les récompenses de l'enseignement de l'obéissance — Deutéronome 11.18,24-25

I. LA SIMPLICITÉ ET LA PUISSANCE DE L'ÉDUCATION

Deutéronome 6.4-9

Voilà l'un des passages les plus importants de la Bible concernant la famille. Pendant plus de 3.000 ans, les Juifs ont récité ces versets deux fois par jour. Ils l'appelaient le *shema* (ce qui en hébreu signifie: écoute!).

En parlant du plus grand commandement, Jésus s'est référé à ce passage et à Lévitique 19.18 (voir Marc 12.29-31). Et depuis près de 2.000 ans nous citons ces deux textes comme un résumé des dix commandements.

A. La simplicité du commandement— Deutéronome 6.4

«Écoute, Israël! l'Éternel notre Dieu est le seul Éternel.»

Le peuple d'Israël était entouré des peuples qui adoraient plusieurs faux dieux. Au cours de l'histoire d'Israël, il y a eu des incidents où les enfants d'Israël ont aussi servi ces faux dieux. Ainsi, le serviteur de Dieu, Moïse, devait-il leur rappeler que «l'Éternel notre Dieu est le seul Éternel.»

Si chaque enfant pouvait apprendre à croire en un seul Dieu, en un seul Seigneur, tout le reste de son éducation serait bien équilibré et aurait tout son sens. C'est à partir de cette croyance fondamentale que tout le plan rédempteur, en faveur de l'humanité tout entière, se développe. Ce Dieu qui a créé toutes choses, a aussi fait la promesse à Abraham que toutes les nations de la terre seront bénies en lui (Genèse 12.3; 22.18). Cette promesse solennelle a été accomplie spirituellement en Jésus-Christ, qui est le sacrifice qu'Isaac a préfiguré (voir Genèse 22).

Le premier commandement est donc de la plus grand importance. Nous sommes appelés à croire en un seul Dieu et à ne vouer un culte d'adoration qu'à lui seul.

B. La croyance en Dieu démontrée dans l'amour — Deutéronome 6.5

Au caractère unique de Dieu s'ajoute l'amour que nous devons lui témoigner. Moïse le dit clairement: «Tu aimeras l'Éternel, ton Dieu, de tout ton cœur, de toute ton âme et de toute ta force» (6.5). Après avoir désobéi à Dieu, Adam et Ève ont manifesté de la peur et de la crainte à l'égard de Dieu (Genèse 3.8,10). Une telle attitude vient d'un cœur méchant et incrédule (Jérémie 17.9) que seul l'amour peut guérir (1 Jean 4.18).

Le prophète Osée fut le premier à utiliser le mot amour dans un sens religieux — Dieu a aimé Israël (Osée 3.1; 9.15; 14.14). Mais dans le Deutéronome, il s'agit de la réponse de l'homme à Dieu. Moïse fit savoir à plusieurs reprises que Dieu s'attendait à la loyauté et à l'obéissance du peuple dans l'amour (5.10; 7.9; 11.1; 13.3; 19.9). Aimer Dieu c'est aussi croire qu'il est amour et qu'il veut notre plus grand bien. L'amour vrai pour Dieu rend plus facile l'amour du prochain et de soi-même.

Question à discuter:

Dans quel sens l'amour vrai pour Dieu bannit-il la crainte?

II. INSTRUCTIONS PRATIQUES POUR L'ENSEIGNEMENT

Deutéronome 6.6-9

Comment éduquer les enfants? C'est là une question qui a attiré l'attention sérieuse de nombreux penseurs et chercheurs, tels que Jean-Jacques Rousseau, John Dewey, Jean Piaget, etc. Tout dirigeant de grande envergure est aussi un enseignant. Jésus était l'Enseignant par excellence. Moïse avait fait aussi montre de grandes qualités d'enseignant. Les parents devraient jouer le rôle d'enseignants à l'endroit de leurs enfants. Quelles sont les qualités essentielles d'un bon enseignant?

A. Crédibilité

L'enseignant crédible est celui qui croit en ce qu'il enseigne. «Et ces commandements, que je te donne aujourd'hui, seront dans ton cœur» (6.6). L'enseignant qui veut vraiment enseigner l'amour de Dieu aux enfants, doit être lui-même imbu d'une manière personnelle de cet amour. Rien ne peut remplacer l'expérience personnelle.

B. Diligence

L'enseignant doit être enthousiaste. «Tu les inculqueras à tes enfants [avec diligence]» (6.7*a*). Cette diligence se manifeste par l'exemple et la discipline au travail démontré par celui qui enseigne.

C. Intérêt

«Tu en parleras quand tu seras dans ta maison, quand tu iras en voyage, quand tu te coucheras et quand tu te lèveras» (6.7*b*). L'enseignement vrai et effectif doit passer du foyer ou de la salle de classe à la rue et dans la vie pratique.

D. Persistance

Un bon enseignant revient constamment sur tes points essentiels de son enseignement, afin de mieux les graver dans l'esprit de ses élèves. «Pour ne pas les oublier, tu les attacheras sur ton bras et sur ton front, tu les écriras sur les montants de porte de ta maison et sur les portes de tes villes» (6.8-9, *La Bible en français courant*).

Le bon enseignant s'évertuera à mettre en relief les exemples de vertu et de bonne conduite, d'obéissance à Dieu et de l'observance de ses commandements. Les enfants élevés dans une telle atmosphère grandiront dans la crainte de Dieu et le respect des parents.

Question à discuter:

Comment les parents doivent-Ils s'y prendre pour graver les commandements divins dans l'esprit des enfants?

III. LES RÉCOMPENSES DE L'ENSEIGNEMENT DE L'OBÉISSANCE
Deutéronome 6.18, 24-25

Le résultat de l'obéissance se termine toujours en récompense. L'obéissance et la bénédiction marchent de pair.

A. Attitudes diverses des parents

Certains parents répriment l'activité de l'enfant, le font taire ou rester tranquille, multiplient autour de lui défenses, barrières, recommandations, conseils de prudence. Dans ce cas-là, l'enfant se demande s'il vaut la peine de vivre! D'autres parents estiment que l'enfant doit prendre ses ébats, qu'il faut le laisser s'agiter, crier, faire du bruit, que sa santé est à ce prix.

Mais il y a aussi certains autres parents qui essaient de trouver un bon équilibre entre ce que l'enfant peut faire et ce qu'il dort faire. Un tel enfant grandira dans la pleine assurance que donne une légitime confiance en soi, mais aussi dans un profond respect de la personnalité d'autrui.

B. La promesse divine à son peuple

«Tu feras ce qui est droit et ce qui est bien aux yeux de l'Éternel, afin que tu sois heureux, et que tu entres en possession du bon pays que l'Éternel a juré à tes pères de te donner» (6.18).

La promesse de l'entrée en Canaan était réelle, et elle s'est réalisée. Mais le peuple n'a pas toujours obéi. Moïse avait bien fait de réitérer la promesse assortie d'une condition essentielle — celle de craindre l'Éternel et d'obéir à Ses commandements (6.24).

Pour nous aujourd'hui, la promesse divine est essentiellement exprimée en Deutéronome 6.25: «Nous aurons la justice en partage, si nous mettons soigneusement en pratique tous ces commandements devant l'Éternel notre Dieu, comme il nous l'a ordonné.» Il ne s'agit pas ici de la justice que promettent les hommes, mais de cette justice qui vient de Dieu — une justice pour laquelle les hommes de bonne volonté acceptent d'être persécutés (Matthieu 5.10).

Question à discuter:

Pourquoi est-il important de partager les promesses divines avec les enfants?

L'ART D'ÉLEVER LES ENFANTS

L'art d'élever les enfants a sa source dans l'idée que nous nous faisons de la valeur ou de l'utilité de l'enfance. Puisqu'il nous est arrivé à plusieurs reprises de nous référer à différents récits du livre de la Genèse, permettez-moi de vous faire part d'une réflexion qui m'est souvent venue au cours de la lecture de cet ouvrage si intéressant. Vous savez que je prends à la lettre, et dans toute leur simplicité, ces récits relatifs à l'origine de l'humanité. Eh bien! je suis surpris de constater qu'après avoir créé un homme et une femme, Dieu borna là son œuvre et laissa à nos premiers parents non seulement le soin de garder et d'étendre peu à peu le jardin qui leur servait de demeure, mais aussi de continuer l'œuvre créatrice de Dieu en peuplant cette terre d'hommes et de femmes semblables à eux. Le pouvoir créateur de Dieu n'eût pas été surmené s'il avait, immédiatement et d'un seul coup, peuplé tout la terre. Il eût pu aussi prendre des dispositions pour que les nouveaux êtres venant à l'existence fussent déjà complètement adaptés à la vie indépendante, comme c'est le cas pour un certain nombre d'animaux. Or Dieu, précisément, a voulu que nos premiers parents achevassent l'œuvre créatrice commencée. Il leur confia donc un certain nombre de tout petits enfants. J'ai essayé quelquefois de me représenter les sentiments qu'Ève dut éprouver lorsqu'elle tint dans ses bras son premier nouveau-né. Elle n'en avait jamais vu; il était là, tout petit, faible, entièrement dépendant. C'était un homme, sans doute, mais inachevé, incomplet. Elle dut sentir toute sa responsabilité et plus d'une fois peut-être, son instinct maternel ne tenant pas toujours lieu d'expérience, elle dut être singulièrement embarrassée. À mesure que l'enfant grandissait, elle pouvait se rendre compte qu'elle ne travaillait point en vain, mais que les soins aimants et la tendresse dont elle entourait l'enfant faisaient de lui un être de plus en plus semblable à son père et par conséquent de plus en plus conforme à l'image de Dieu.

Vous voyez donc que nous pouvons nous faire une idée extrêmement élevée de l'éducation. Elle ne consiste pas simplement, en effet, à donner à l'enfant la nourriture, le vêtement, l'abri qui lui sont nécessaires. Elle consiste aussi, et surtout, à former son intelligence et son caractère et à préparer avec soin sa destinée. Si la vie est la lente réalisation d'un idéal, comme nous souhaitons qu'elle le soit, nous avons à tenir compte de la brièveté de l'existence. Il faut donc commencer très tôt à la diriger, à l'orienter, à la conduire vers le but proposé. Tel est précisément l'objet de l'éducation. Ne vous semble-t-il pas que votre enfant sera toujours digne d'admiration et d'estime s'il a un bon caractère et s'il se conduit bien dans la vie, tandis que des avantages purement intellectuels, tout en lui conférant une notoriété peut-être enviable, ne sauraient le prémunir contre les fautes morales toujours dangereuses? Nous sommes, bien entendu, partisans de la culture avancée de l'intelligence, mais à la condition expresse qu'elle s'accompagne d'une culture correspondante de la volonté et des nobles sentiments. Toutes les fois donc que vous vous trouverez en face d'un enfant, vous verrez en lui, non point un petit espiègle qui vient troubler votre paix, mais une matière plastique dans laquelle vous pourrez, soit en passant, soit d'une manière suivie, imprimer un peu de bonté et de vérité. Tels sont les grands principes sur lesquels doit s'appuyer l'éducation des enfants.

Les deux grandes vertus à développer, celles qui sont à la base de toutes les autres, sont l'obéissance et la véracité. Un enfant peut être turbulent, vif, fatigant, il peut avoir des travers de caractère: s'il est obéissant et véridique, on pensera toujours qu'il est un brave enfant. Notre siècle se fait sur l'obéissance des idées assez étranges. Dans la famille, la discipline s'est singulièrement relâchée, ce qui d'ailleurs n'est qu'un demi-mal, car les enfants d'autrefois, élevés d'une manière rigide, devenaient à leur tour soit tyranniques, soit faibles de volonté et impersonnels. On préconise de nos jours le libre épanouissement de l'enfant. Toute une pédagogie s'est fondée sur ce principe, en réaction contre les conceptions plus anciennes de l'obéissance passive. En effet, celle-ci était considérée autrefois comme une vertu de soumission, d'abnégation, de renoncement, d'abdication de la volonté devant celle d'un autre. On a fini par comprendre que ce genre d'obéissance ne trempe pas suffisamment le caractère. Il faut, au contraire, inculquer à l'enfant une obéissance active, spontanée, basée non sur la force, mais sur la nécessité de se discipliner soi-même en prévision des exigences de la vie. La pédagogie moderne tient donc compte de cette nouvelle orientation de l'idéal et c'est pourquoi elle aboutit à la création d'écoles où l'enfant dispose de lui-même beaucoup plus librement, où les heures sont toutes ensoleillées, où apprendre devient plus facile, où règne le sourire. Il faut applaudir à la création de telles écoles, sans toutefois verser dans l'exagération de quelques-unes et priver ainsi l'enfant d'une discipline salutaire.

Les parents ne doivent pas être tyranniques. Il est bon qu'ils sachent ce qu'ils veulent, qu'ils l'exigent même au besoin, mais toujours avec calme et dans les termes les plus corrects. Quoique non complètement formé, l'enfant a droit à notre respect et son imperfection, loin de l'exposer à notre mépris, doit, au contraire, le recommander à notre bienveillance et à notre sollicitude. La rigidité peut d'ailleurs présenter des inconvénients même pour les parents. C'est ce qu'ignorait sans doute le père de famille qui avait strictement défendu à son petit garçon de parler à table. Or, un jour, l'enfant élève la voix d'une façon inattendue pour appeler son père. Le père ne répond pas. L'enfant répète: «Papa!» Le père lance à l'enfant un regard courroucé. Malgré tout, l'enfant insiste: «Papa!» répète- t-il. Le père alors lui donne l'ordre péremptoire de se taire, ajoutant qu'il aura la parole un peu plus tard. Un moment après, en effet, le père dit:

— Eh bien! que voulais-tu dire tout à l'heure?

— Oh! papa, c'est trop tard maintenant: il y avait un ver dans ta salade, tu l'as mangé!

Nous résumerons ces quelques remarques sur l'obéissance en disant que celle-ci doit être active et spontanée et être exigée en vertu d'un principe et non point en raison de ses conséquences matérielles désagréables.

Passons maintenant à la seconde qualité que l'enfant doit posséder à tout prix: la véracité. Le mensonge chez l'enfant est un phénomène bizarre. Il y a des enfants qui mentent sans s'en rendre compte, simplement parce que les données de leur imagination sont si vives qu'ils les extériorisent comme si elles étaient réelles. D'autres enfants mentent par bravade, par indépendance. Mais la plupart mentent par crainte d'être punis. Il ne faudrait jamais châtier un enfant qui avoue un tort; il suffit de lui en laisser supporter les conséquences. C'est ce que nous étudierons tout à l'heure à propos des punitions. L'enfant doit apprendre à aimer la vérité, à l'aimer ardemment et quelles qu'en soient les conséquences. Nous détournons souvent l'enfant de la vérité et de la réalité en nourrissant son imagination de contes et de fables empruntés à la mythologie ou à l'imagination pure. L'enfant y pense beaucoup et comme la vie réelle lui paraît bien différente de la vie imaginaire que certains ouvrages lui présentent, il se forge de toutes pièces une existence à lui, ce qui l'entraîne à dire des mensonges pour justifier certains actes ou certaines attitudes.

L'enfant doit être placé devant la pleine réalité et nourri de ce qui est vrai. Malheureusement, mille circonstances l'incitent à la dissimulation et à l'hypocrisie. Celui qui a commis une sottise craint d'être puni parce qu'il n'a pas compris la portée et la valeur éducative de la punition. Il se défend donc comme il peut, par le moyen auquel les faibles ont généralement recours: il ment. Il faut essayer de faire comprendre à l'enfant que mentir est une faiblesse et qu'on se montre très petit lorsqu'on n'a pas le courage de dire la vérité quoi qu'il en coûte, On devrait être clair et précis dans la vie courante comme dans la vie scientifique. La probité intellectuelle qui consiste à n'affirmer que ce dont on est certain devrait avoir sa réplique dans la vie morale. Cela consisterait à se montrer tel qu'on est, ce qui inciterait immédiatement à être ce qu'on doit être. Malheureusement, notre époque se nourrit d'apparences. On voit souvent à la devanture des confiseurs de superbes boîtes de chocolat, admirablement garnies de très joli papier et de quelques rares bonbons. Ces boîtes se vendent très cher parce qu'elles sont bien présentées, mais tout est arrangé pour faire croire qu'elles contiennent beaucoup plus de chocolat qu'en réalité, Ces procédés-là incitent ceux qui en sont les témoins à exploiter à leur tour la même méthode, d'autant plus qu'elle peut réussir longtemps.

L'éducation bien comprise fera de l'enfant un être véridique parce qu'elle n'exercera sur lui aucune pression malsaine et ne lui présentera comme sujets de méditation que des vérités. D'ailleurs, si l'on n'apprend pas à être véridique lorsqu'on est petit, on court le risque de ne l'être jamais. (Extrait de *VIVRE* par Maurice Tièche, Editions S.D.T., 1965, pp. 160-170)

Leçon 9

LA FAMILLE DE DIEU

PASSAGES BIBLIQUES

Actes 2.41-47; 1 Corinthiens 1.9; 1 Jean 1.1-4

VERSET À RETENIR

«Dieu est fidèle, lui qui vous a appelés à la communion de son Fils, Jésus-Christ notre Seigneur» (1 Corinthiens 1.9).

BUT DE LA LEÇON

Aider l'étudient à comprendre la relation qui existe entre le foyer et l'Église, la famille au foyer et la famille de Dieu.

INTRODUCTION

La Bible nous présente le mariage comme un symbole de la relation entre Dieu le Père et son peuple. Les prophètes de l'Ancien Testament décrivent l'amour de Dieu pour le peuple d'Israël comme l'amour d'un mari qui est fidèle à sa femme. Le prophète Jérémie a exprimé la beauté et la vivacité du mariage au peuple d'Israël en ces mots: «Je me souviens de ton amour lorsque tu étais jeune, de ton affection lorsque tu étais fiancée, quand tu me suivais au désert, dans une terre inculte» (Jérémie. 2.2*b*).

Les écrivains du Nouveau Testament considéraient les chrétiens comme membres de la famille de Dieu. La communion fraternelle, l'amour les uns pour les autres étaient la preuve visible de cette unité familiale. L'apôtre Paul, s'adressant aux chrétiens d'Ephese, compare l'amour du mari pour sa femme à l'amour de Jésus-Christ pour l'Église. Dans ce vibrant message sur le foyer, la famille, et l'Église, Paul dit: «Ce mystère est grand; je dis cela par rapport à Christ et à l'Église» (Éphésiens 5.32).

Nous allons développer les points suivants:

I. La famille humaine et la famille de Dieu — Actes 2.41-47

II. La communion avec Christ— 1 Corinthiens 1.9

III. Le fondement de notre communion — 1 Jean 1.1-4

I. LA FAMILLE HUMAINE ET LA FAMILLE DE DIEU

Actes 2.41-47

Plusieurs caractéristiques de la vie familiale se trouvent aussi dans la vie de la famille de Dieu. Par exemple: l'étude, la communion, la prière, la dévotion, la révérence, la mutualité, le respect mutuel, etc.

A. L'étude

«Ils persévéraient dans l'enseignement des apôtres» (2.42). La famille humaine et la famille de Dieu sont toutes deux responsables pour l'étude et la transmission de la foi chrétienne. Dans le passé, il y avait une rapport entre le foyer, l'école et l'Église; mais, de nos jours, ces institutions fonctionnent séparément, à l'exception des écoles qui sont sous la supervision d'églises évangéliques.

Les institutions publiques et certaines églises ne s'intéressent plus à l'éducation morale et spirituelle de la famille. Cependant, il y a un lien très étroit entre la famille et l'église.

La famille chrétienne et l'Église de Jésus-Christ doivent toutes deux enseigner la Bible comme la Parole de Dieu. Elles doivent être intéressées à la croissance spirituelle dans la vie de chaque jour. Elles doivent toutes deux promouvoir la moralité chrétienne et la courtoisie évangélique. La famille chrétienne et l'Église fonctionnent autour de l'idéal chrétien de l'amour qui est révélé dans les expressions de joie, de paix, de patience, de bénignité, de fidélité, de bonté et de tempérance.

Nous ne pouvons pas nous attendre à la croissance spirituelle si la famille chrétienne et l'église n'étudient pas la Parole de Dieu régulièrement. À ce compte, l'idéal de la famille et de l'église diminuera.

B. La communion fraternelle

«Ils persévéraient … dans la communion fraternelle, dans la fraction du pain» (2:42). Dans le passé, la communion fraternelle dans l'église était une extension de la communion dans le foyer. Dans les foyers, les membres de la famille chrétienne travaillaient ensemble. Ils échangeaient leurs idées, priaient et lisaient la Parole du Seigneur -

ensemble, Ils développaient entre eux des liens basés sur la confiance mutuelle. Ainsi il était facile pour les premiers chrétiens de faire la transition du foyer à l'église où il y avait la prière, la lecture de la Parole de Dieu, des conversations édifiantes. Ils avaient posé chez eux les bases de la communion fraternelle qui prenait plus d'ampleur au sein de l'église.

C. La prière

«Ils persévéraient...dans les prières» (2:42). Jésus a dit que ceux qui adorent le Père doivent L'adorer en esprit et en vérité (Jean 4:24). Il y a trois caractéristiques qui rendent nos prières effectives:

1. La franchise et l'honnêteté envers nous-mêmes et envers les autres. Il n'y a pas d'esprit de vérité sans franchise et honnêteté.

2. La spontanéité dans nos prières. Il n'y a pas de spontanéité sans franchise et honnêteté. Nos prières peuvent être de petites phrases que nous avons apprises dans les livres ou de nos amis.

3. La réconciliation avec Dieu et avec notre prochain. Il n'y a pas de spontanéité en prière, s'il n'y a pas de réconciliation avec Dieu et avec notre prochain. La prière effective vient de l'abondance d'un cœur qui est soumis à l'Esprit de Dieu.

D. Respect mutuel

«La crainte s'emparait de chacun» (2:43). Dans ce texte et dans plusieurs autres textes du Nouveau Testament, le mot crainte ne veut pas dire peur, mais plutôt respect. Cela veut dire qu'il y a une attitude de respect dans la famille de Dieu. Nous devons avoir une crainte respectueuse pour Dieu. Notre attitude de respect se manifeste à l'endroit de nos parents, de ceux qui nous dirigent. Nous sommes appelés à nous respecter mutuellement.

E. Action spirituelle

«Et il se faisait beaucoup de prodiges et de miracles par les apôtres» (2.43*b*).

Dieu opère différentes sortes de miracles dans la vie de la famille au foyer et dans la vie de l'Église. Le plus grand de tous est le miracle du salut. Il y a des circonstances dans la vie où seulement l'intervention divine peut nous aider à nous en sortir. Êtes-vous un membre de la famille de Dieu? Dieu peut toujours opérer des miracles dans votre vie spirituelle et matérielle.

F. Mutualité

«Tous ceux qui croyaient étaient dans le même lieu, et ils avaient tout en commun» (2.44). La mutualité est une caractéristique très importante dans la vie de la famille et dans celle de l'Église. Les versets 44-45 montre comment le support mutuel a encouragé la croissance spirituelle des premiers chrétiens. Ils avaient tout en commun et ils étaient tous concernés par le bien-être spirituel, social et économique des membres de la famille de Dieu. La famille chrétienne et l'Église doivent retourner à ce principe divin.

G. Le bonheur

«Ils étaient chaque jour tous ensemble assidus au temple, ils rompaient le pain dans les maisons, et prenaient leur nourriture avec joie et simplicité de cœur» (Actes 2.46). Abraham Lincoln a dit: «Un homme est heureux dans la mesure où il a choisi de l'être.» L'amour et la sécurité d'un foyer où le bonheur règne ne s'achètent pas à prix d'argent. Hélas, beaucoup d'enfants trouvent plus de joie à l'Église qu'au foyer; car certains foyers sont tristes et déprimants!

Heureusement que chacun peut venir à l'Église pour communier, méditer et retrouver la sérénité.

Question à discuter:

Quelles sont les similarités entre l'Église et la famille chrétienne?

II. LA COMMUNION AVEC CHRIST

1 Corinthiens 1.9

Jésus a bien compris l'importance de la vie en famille. Il était né dans une famille. Il a passé ses trente premières années dans une très proche relation avec ses frères et sœurs. Il connaissait la signification de la mort, de la perte d'un être cher. Beaucoup d'érudits pensent que Joseph, son père nourricier, était mort avant le début de son ministère. Marie, sa mère, était très proche de lui.

Mais, au cours de son ministère, les relations familiales étaient très tendues. Une fois, sa mère était venue le voir en compagnie de ses frères et sœurs, issus de son mariage avec Joseph (Matthieu 12.46-50). Elle voulait le porter à abandonner le ministère de la prédication. Ses frères ne croyaient pas en lui (Jean 7.5). Ce n'est pas étonnant de l'entendre dire dans la suite: «L'homme aura pour ennemis les gens de sa maison»

(Matthieu 10.36). Pourtant, Jésus croyait que le ménage et la vie familiale étaient des choses très sacrées. En dépit du fait que, de nos jours comme au temps de l'Ancien Testament, le divorce se pratique pour des raisons diverses, le mariage demeure, malgré tout, la norme. Ceux qui vivent dans la communion de Jésus doivent lui obéir en toutes choses.

Question à discuter:

Pourquoi Jésus accordait-il tant d'importance à la vie familiale?

III. LE FONDEMENT DE NOTRE COMMUNION

1 Jean 1.1-4

A. La communion chrétienne manifeste la vie éternelle

«Et nous vous annonçons la vie éternelle, qui était auprès du Père et qui nous a été manifestée» (1.2*b*). La vie éternelle ne signifie pas seulement vivre à jamais. Si certains chrétiens devraient vivre éternellement le genre de vie qu'il vivent maintenant, leur espérance en la vie éternelle serait triste. La vie éternelle est tout d'abord une qualité de vie. Dans la vie éternelle nous serons libérés de nos culpabilités, de nos craintes et des sentiments de revanche. Nous aurons la liberté d'aimer la vie, notre prochain et notre Dieu. La vie éternelle est l'accomplissement de la vie dans le monde à venir.

B. La communion chrétienne implique la communion avec la Trinité

«Ce que nous avons vu et entendu, nous vous l'annonçons, à vous aussi, afin que vous aussi vous soyez en communion avec nous. Or, notre communion est avec le Père et avec son Fils Jésus-Christ» (1.3). Le mot communion implique l'union des esprits de deux ou plusieurs personnes. Il y a toujours une action réciproque là où il y a communion. Elle développe un sens de responsabilité mutuelle, et un intérêt commun entre les personnes.

C'est pourquoi les chrétiens doivent être en communion avec les membres de leurs familles et ceux de la famille de Dieu (l'Église). Car ils doivent tous aimer Dieu, Jésus-Christ et leurs prochains.

C. La communion chrétienne nous apporte de la joie

«Et nous écrivons ces choses, afin que notre joie soit parfaite» (4.4).

La joie est une émotion chrétienne. C'est le fruit de l'Esprit. Elle n'est pas éphémère ou circonstancielle. Elle est toujours là. Paul avait de la joie quand il écrivait les épîtres dans la prison de Rome. Cela paraît étrange, mais c'est vrai, La joie du chrétien ne dépend pas des circonstances de la vie. La joie du chrétien ne dépend pas du succès apparent de ce monde. La joie du chrétien est un fruit de l'Esprit qui vient de notre amour pour Dieu.

Question à discuter:

Comment les chrétiens peuvent-ils avoir différentes opinions et en même temps avoir la communion fraternelle?

Leçon 10

LES PROBLÈMES DANS LA FAMILLE

PASSAGES BIBLIQUES
Éphésiens 6.1-4; Colossiens 3.12-21

VERSET À RETENIR
«Mais par-dessus toutes ces choses, revêtez-vous de l'amour, qui est le lien de la perfection» (Colossiens 3.14, *Segond révisée*).

BUT DE LA LEÇON
Aider le croyant à comprendre la nature des problèmes dans la famille et comment nous pouvons les résoudre.

INTRODUCTION
Plusieurs familles chrétiennes vivent dans l'unité et dans l'amour. Cependant, d'autres familles qui vont à même église, écoutent les mêmes messages, lisent la même Bible, vivent en même temps dans la dissension et dans la discorde. Comment expliquer ce phénomène dans les familles chrétiennes?

Dans cette leçon, nous allons étudier les problèmes qui ravagent les familles et suggérer des solutions à la lumière de la Bible. Notre étude comporte cinq points:

I. Les problèmes avec les enfants — Éphésiens 6.1-3

II. Les problèmes avec les parents — Éphésiens 6.4

III. Les poteaux indicateurs pour la guérison — Colossiens 3.12-14

IV. La paix dans la famille — Colossiens 3.15-17

V. Le principe d'homéostasie — Colossiens 3.18-21

I. LES PROBLÈMES AVEC LES ENFANTS
Éphésiens 6.1-3

William Glasser a écrit un ouvrage dans lequel il a accentué le rôle des parents dans l'éducation des enfants. Récemment le Docteur James Dobson a écrit un ouvrage sur la discipline au foyer intitulé *Oser discipliner.* Le thème clé de ces deux ouvrages est la responsabilité des parents. Ces deux ouvrages sont excellents. Toutefois, nous trouvons déjà dans la Bible des préceptes clairs en ce qui concerne la responsabilité des parents et le devoir des enfants. Ces préceptes sont, consignés particulièrement dans l'épître de Paul aux Éphésiens.

A. La responsabilité des parents

Les parents doivent, en premier lieu, enseigner à leurs enfants une vertu essentielle: l'obéissance. La Bible dit: «Enfants, obéissez à vos parents, selon le Seigneur, car cela est juste» (6.1). Cette norme de conduite a été établie par Dieu depuis la création. Les enfants doivent obéir à leurs parents, mais les parents doivent inculquer à l'enfant une obéissance basée non sur fa peur, mais sur la nécessité de se discipliner en prévision des exigences de la vie.

B. L'honneur dû aux parents

Les parents doivent enseigner à leurs enfants le respect pour les anciens. «Honore ton père et mère ... afin que tu sois heureux et que tu vives longtemps sur la terre» (6.2). L'enfant n'est pas dès sa naissance un être sociable; il doit le devenir peu à peu par l'éducation qui commence dès son plus jeune âge grâce aux soins et l'exemple des parents.

Les enfants doivent être guidés dans les domaines suivants:

1. Les bonnes manières à table, à l'école, dans la rue

2. Le respect de la propriété d'autrui

3. Le sens de responsabilité pour ses devoirs au foyer et ailleurs

4. Le respect dû aux parents et aux autres membres de la famille.
   Un garçon qui n'apprend pas à honorer sa mère et sa sœur, n'agira pas avec décence à l'endroit de sa fiancée et de sa femme

5. Le respect dû aux supérieurs (maîtres ou maîtresses d'école, autorités civiles et militaires, etc.)

Question à discuter:

Comment les parents doivent-ils enseigner l'obéissance à leurs enfants?

II. LES PROBLÈMES AVEC LES PARENTS
Éphésiens 6.4

Dans ce verset, Paul nous enseigne que le comportement d'un père peut affecter ses enfants. «Et vous, pères, n'irritez pas vos enfants, mais élevez-les en les corrigeant et en les instruisant selon le Seigneur» (6.4). Le père doit être un conseiller, un disciplinaire pour les enfants, non pas un agent de police. Les parents ne doivent pas être tyranniques, mais fermes dans leurs décisions.

Les parents sont responsables de l'éducation spirituelle des enfants et doivent les nourrir de ce qui est vrai. Ils doivent être des exemples en attitude, en comportement pour leurs enfants. Si nous voulons avoir une famille honorable devant Dieu et utile dans l'Église, nous devons inculquer à nos enfants un esprit de vérité et de bonté selon les principes bibliques.

Trop souvent, hélas, les parents donnent le mauvais exemple, tout en s'attendant à ce que leurs enfants se comportent comme des angelots. Ils doivent plutôt se rappeler que les mauvaises compagnies corrompent toujours les bonnes mœurs (1 Corinthiens 15.33). Et, lorsque l'enfant voit son père ou sa mère agir régulièrement d'une certaine manière, il aura naturellement tendance à faire de même. Le taux croissant de délinquance juvénile est dû en grande partie à l'attitude et au comportement des parents.

Question à discuter:

Pourquoi est-il important pour le père de s'intéresser à chacun de ses enfants en particulier?

III. LES POTEAUX INDICATEURS POUR LA GUÉRISON
Colossiens 3.12-74

Les cause des problèmes dans les familles sont de plusieurs sortes: fatigue, questions d'argent, inquiétude, manque de communication, etc. Les familles chrétiennes ne sont pas exempt de ces problèmes. La différence entre une famille chrétienne et une famille non-chrétienne n'est pas l'absence ou la présence des problèmes, mais plutôt la façon dont ils sont abordés, Dans une famille non-chrétienne, nous pouvons nous attendre à des comportements destructeurs tels que: la colère, la violence, la jalousie, la revanche, etc. Mais pour une famille chrétienne,

Paul souligne une série d'attitudes qui peuvent nous servir de poteaux indicateurs dans les diverses circonstances de la vie.

A. Miséricorde — Colossiens 3.12

Ce serait l'idéal que de recevoir toujours ce que nous méritons. Mais il n'en est pas toujours ainsi. Nous offensons parfois les autres, et ils agissent aussi de même à notre égard. Nous devons donc agir avec miséricorde à l'endroit des autres, afin que nous puissions aussi bénéficier de la miséricorde. «La miséricorde triomphe du jugement» (Jacques 2.13*b*).

B. Douceur et bonté

Il est important d'apprendre à être aimable l'un envers l'autre au sein de la famille chrétienne. Les hurlements, les cris, les éclats de voix ne font qu'aggraver les mésententes. Mais la douceur, la bonté aident à diminuer les tensions et à panser les blessures.

C. Patience

Bien des divorces pourraient être évités et bien des foyers pourraient se fortifier si les époux se témoignaient un peu plus de patience mutuelle. Une telle attitude pourrait être donnée en exemple aux enfants, car ils ont tendance à modeler leur comportement les uns à l'égard des autres sur celui de leurs parents.

D. L'amour — Colossiens 3.14

«Mais par-dessus toutes ces choses, revêtez-vous de l'amour» *(Second révisée)*. L'amour est la pierre angulaire qui tient tout l'édifice en place. C'est l'élément principal qui assure la stabilité du foyer et préserve l'harmonie familiale. Il s'agit bien sûr de l'amour agapè, l'amour divin, qui est déversé dans nos cœurs par le Saint-Esprit. Sans cet amour-là, tout le reste n'est rien.

Question à discuter:

Pourquoi certaines attitudes aident-elles à fortifier le foyer chrétien? Quelle est celle qui semble faire défaut dans votre propre foyer?

IV. LA PAIX DANS LA FAMILLE
Colossiens 3.15-17

Dans les versets 12 à 14, Paul nous donne des exhortations sur la guérison des querelles dans la famille. Bien que ces exhortations soient salutaires, Paul montre en outre aux versets 15 à 17 que prévenir vaut mieux que guérir. En effet, il nous suggère des principes de paix pour notre famille.

A. La paix intérieure — Colossiens 3.15

«Et que la paix de Christ, à laquelle vous avez été appelés pour former un seul corps, règne dans vos cœurs. Et soyez reconnaissants» (3.15). Quand les membres d'une famille ont la paix du cœur qui découle d'une très proche relation avec Dieu, il y a moins d'incompréhension parce qu'ils sont toujours prêts à se comprendre. Cela ne veut pas dire qu'il n'y aura pas de dissensions à un moment donné, car l'irritation momentanée, la fatigue mentale, la frustration font partie de la vie en famille. L'une des fonctions de la vie en famille est de s'entraider dans les moments de faiblesses, de frustration, en un mot dans les moments difficiles.

B. Le bonheur et la joie — Colossiens 3.16-17

Le premier but des membres de la famille est de faire de la maison dans laquelle ils vivent un rempart d'amour et de sécurité émotionnelle. Paul suggère plusieurs façons de le faire.

1. Apprendre à utiliser la sagesse. «Que la parole de Christ habite parmi vous abondamment» (3.16a). Il y a une grand différence entre connaissance et sagesse. La connaissance nous aide à nous comporter, tandis que la sagesse nous aide à appliquer la connaissance dans les situations de la vie.

2. Chanter des cantiques spirituels (3.16*b*). Les familles qui apprennent à chanter la gloire du Seigneur ensemble développent sans même le savoir un sens d'unité.

3. L'action de grâce est la troisième suggestion (3.17*b*). Dans ce passage, Paul ne s'adressait pas aux chanteurs professionnels, mais plutôt à tous les croyants qui peuvent fredonner une mélodie spirituelle dans leurs cœurs.

C. Christ: fa norme de la vie familiale — Colossiens 3.17

«Et quoi que vous fassiez, en parole ou en œuvre, faites tout au nom du Seigneur Jésus» (3.17*a*). La vie chrétienne est centrée essentiellement sur Christ, et c'est dans cette perspective que nos rapports mutuels et notre relation intime avec Dieu doit être comprise.

Question à discuter:

Comment les membres de la famille chrétienne peuvent-ils vivre ensemble dans la paix?

V. LE PRINCIPE D'HOMÉOSTASIE OU D'ÉQUILIBRE

Colossiens 3.18-21

Les organismes vivants maintiennent leurs fonctions physiologiques d'une manière stable en raison du principe d'homéostasie ou d'équilibre. Dans le corps de Christ tous les membres maintiennent le bon fonctionnement spirituel par un équilibre harmonieux dans les relations mutuelles. Lorsque l'équilibre délicat est rompu dans la famille, des troubles graves y surviennent qui font souffrir ceux qui la composent.

Dans les versets 18 à 21 du troisième chapitre de son épître aux Colossiens, Paul donne des suggestions aux maris, aux femmes et aux enfants sur la manière de conserver l'équilibre des relations entre les membres de la famille.

1. Les femmes doivent montrer de la déférence envers leurs maris, en tant que chef (tête) de la famille (3.18).

2. Les maris doivent mériter leur position de chef de famille par la démonstration de leur amour inconditionnel pour leur épouse (3.19). Le mari n'est pas le maître de sa femme, mais son protecteur, son défenseur, son compagnon, et son meilleur ami.

3. Les enfants doivent apprendre à obéir à leurs parents, ce qui est la norme divine pour eux (3.20). Les parents, à leur tour, doivent discipliner leurs enfants avec amour, au lieu de les irriter par la colère et la brutalité (3.21).

Dans une telle ambiance, l'équilibre sera maintenu et le développement harmonieux de chaque membre de la famille se produira au grand bénéfice du foyer chrétien.

Question à discuter:

Comment le principe d'équilibre doit-il être appliqué dans la vie de la famille chrétienne?

Leçon 11

FAIRE FACE AU DIVORCE
ET A LA MESALLIANCE

PASSAGES BIBLIQUES

Matthieu 5.31-32; 9.9-13; 1 Corinthiens 7.10-16

VERSET À RETENIR

«Allez, et apprenez ce que signifie; je prends plaisir à la miséricorde, et non aux sacrifices. Car je ne suis pas venu appeler des justes, mais des pécheurs» (Matthieu 9.13).

BUT DE LA LEÇON

Aider les conjoints à découvrir la cause des mariages malheureux et comment ils peuvent arriver à une solution satisfaisante.

INTRODUCTION

Selon le Dr Cari C. Zimmerman, les États-Unis d'Amérique, comme la Grèce et la Rome antique, s'avancent finalement dans l'ère de la décadence familiale. Qu'en est-il de votre pays? Le taux de divorce augmente-t-il davantage? L'individualisme, ne s'est-il pas infiltré dans votre foyer? Votre société, n'a-t-elle pas été influencée par la révolution sexuelle? Si vous êtes au courant de toutes ces choses, alors vous savez que la famille chrétienne, faisant partie de la société, peut subir des changements en ce qui à trait à la sexualité, le mariage, l'éducation. Cette leçon est donc d'une importance capitale pour toutes les familles chrétiennes!

Les points suivants seront discutés:

I.   Le problème du divorce — Matthieu 5.31-32

II. La compassion pour les pécheurs — Matthieu 9.9-13

III. La religion et le mariage — 1 Corinthiens 7.10-16

I. LE PROBLÈME DU DIVORCE

Matthieu 5.31-32

A. La Bible et le divorce

Selon Deutéronome 24.1, l'homme pouvait renvoyer sa femme s'il découvrait en elle «quelque chose de honteux». L'interprétation de «quelque chose de honteux» a été prise à la légère par les rabbis libéraux à l'époque de Jésus. Ils disent que honteux signifie l'incapacité de faire la cuisine, l'impolitesse, l'amitié avec les ennemis du mari, et n'importe quoi que le mari ne veut pas tolérer. Les rabbis conservateurs croient que «quelque chose de honteux» signifie adultère et c'est tout. D'après eux même Achab ne pouvait pas divorcer la méchante Jézabel, si elle n'avait pas commis d'adultère.

Jésus, l'autorité finale des affaires morales, a interprété «quelque chose de honteux» comme étant la fornication, l'adultère, ou l'infidélité sexuelle. Selon Jésus, Moïse permettait le divorce à cause de la dureté du cœur de l'homme; c'était la seule façon de protéger la femme. Jésus explique sa position en disant: «Que celui qui répudie sa femme lui donne une lettre de divorce. Mais moi, je vous dis que celui qui répudie sa femme, sauf pour cause d'infidélité, l'expose à devenir adultère, et que celui qui épouse une femme répudiée commet un adultère» (5.31-32).

Les paroles «il a été dit ... mais moi je vous dis», prononcées par Jésus, exprime une nouvelle attitude à l'égard du mariage. Il paraît aussi que les problèmes maritaux ne datent pas d'hier. Le point de vue que nous avons du mariage détermine notre attitude envers les problèmes conjugaux et le divorce. Le mariage est une institution sacrée dans laquelle nous ne devrions pas entrer frivolement. Hélas, beaucoup de gens ne le voient pas de cette façon, et ils ne réfléchissent qu'après avoir prononcé leurs vœux!

B. L'attitude moderne

De nos jours, la recherche du bonheur individuel au lieu de celui du foyer, la liberté de divorcer pour des raisons diverses — permises par la loi civile —, la «permissivité» sexuelle, tout cela contribue au divorce et au déclin du foyer. Les enfants issus de tels mariages sont ceux qui en pâtissent le plus, puisqu'ils sont le plus souvent délaissés par l'un des parents à un âge très tendre. Ces enfants à leur tour, devenus grands, sont ou bien traumatisés ou bien affectés de cynisme, traitant les personnes du sexe opposé ou bien comme des ennemis à éviter ou des objets à utiliser.

Question à discuter:

Quelle est, selon Jésus-Christ, la seule cause valable de divorce?

II. LA COMPASSION POUR LES PÉCHEURS

Matthieu 9.9-13

Il est sans doute plus facile d'appliquer la loi que d'aimer le pécheur. Et lorsqu'il s'agit de divorce, nous avons tendance à condamner sans appel.

Cependant, en dépit de l'enseignement de Jésus sur le divorce, les Églises chrétiennes partout contiennent dans leurs seins des personnes qui ont violé le principe de l'indissolubilité du mariage, des personnes divorcées pour une raison non scripturaire. Quelle doit être notre attitude à l'égard de telles personnes? Faut-il les chasser de l'église ou les accepter telles qu'elles sont?

L'attitude de Jésus à l'égard de Matthieu, le péager (9.9-13), peut nous enseigner ce qui suit:

A. Christ peut changer n'importe qui par le pardon — Matthieu 9.9

À l'appel du Seigneur: «suis-moi!», Matthieu répondit par l'affirmative au grand étonnement de tous. Si Jésus avait agi à son égard comme les pharisiens, Matthieu aurait poursuivi son métier de péager, au lieu de devenir l'un des évangélistes.

B. Le pardon fut suivi de l'acceptation sociale — Matthieu 9.10

Beaucoup de publicains et de «gens de mauvaise vie» vinrent s'asseoir à table tandis que Matthieu introduisait Jésus et ses disciples à ses amis. Il est plus facile de pardonner et de s'en aller que de pardonner et de s'engager. Jésus n'a pas demandé à Matthieu de s'éloigner de ses anciens amis, mais profita de l'occasion pour faire leur connaissance et pour leur annoncer le message du salut (Matthieu 9.12).

C. L'attitude de Jésus ne plaît pas aux hypocrites — Matthieu 9.11

Les pharisiens de son temps était fâché de son attitude de compassion à l'égard des pécheurs. Y a-t-il des gens autour de vous qui ont une telle attitude de sévérité et de sécheresse de cœur qu'ils déploient sous le manteau du légalisme?

D. Jésus établit la norme pour toutes les églises — Matthieu 9.13

Cette norme, la voici: «Je prends plaisir à la miséricorde et non aux sacrifices. Car je ne suis pas venu appeler des justes, mais des pécheurs [à la repentance]» (9.13).

Question a discuter:

Quelle doit être notre attitude à l'égard des personnes divorcées?

III. LA RELIGION ET LE MARIAGE

1 Corinthiens 7.10-16

A. Le remariage

À l'égard de ceux qui voudraient divorcer ou se séparer, l'apôtre Paul fait les recommandations suivantes:

1. «Que la femme ne se sépare point de son mari ... et que le mari ne répudie point sa femme» (7.10*b*, 11*b*).

2. En cas de séparation, ils ne doivent pas se remarier; ils doivent plutôt se réconcilier (7.11).

Il y aura toujours des problèmes auxquels il faudra faire face au foyer. Les conjoints qui ont atteint une certaine maturité et qui se donnent entièrement l'un à l'autre peuvent toujours résoudre ces problèmes. Voulez-vous que votre mariage tienne le coup? Eh bien, parlez l'un à l'autre! Confessez l'un à l'autre! Pardonnez-vous mutuellement!

B. Croyants mariés aux non-croyants

Le principe de la mutualité est très important pour construire un heureux ménage. Plus les conjoints partagent entre eux les multiples aspects de la vie en commun, plus solide sera le foyer qu'ils édifient.

Marie est une fervente chrétienne d'intègre. Paul, son mari, est un homme gentil et poli, mais il va à l'église seulement pendant les fêtes de Noël, de fin d'année et celles de Pâques. Qu'on le croit ou non, un tel mariage est sujet à de grandes difficultés.

Cependant, bien que le mariage où le seigneur et le sauveur des deux conjoints n'est pas Jésus-Christ, soit à déconseiller, nous avons beaucoup de cas où l'un devient chrétien et l'autre ne l'est pas, où l'un est chrétien et l'autre a abandonné la foi. À cet égard, nous devrions suivre la parole de Paul selon 1 Corinthiens 7.12-16. La séparation ou le divorce n'est pas la solution idéale, si l'un et l'autre consentent à demeurer ensemble. De plus, Dieu nous a appelés à la paix; la présence de celui qui est chrétien peut contribuer, dans une certaine mesure, à ramener le conjoint infidèle dans le droit chemin.

Question à discuter:

Vaut-il la peine de retenir ensemble une famille dont les membres sont de fol différente?

Leçon 12

LES LIMITATIONS DE LA VIE

PASSAGE BIBLIQUE

2 Corinthiens 4.7-18

VERSET À RETENIR

«Nous portons ce trésor dans des vases de terre, afin que cette grande puissance soit attribuée à Dieu, et non pas à nous» (2 Corinthiens 4.7).

BUT DE LA LEÇON

Aider les croyants à voir et essayer de corriger les limitations humaines dans l'accomplissement des devoirs familiaux.

INTRODUCTION

Le jour du mariage et toujours rempli de joie et d'allégresse. Les jeunes gens, en prononçant leurs vœux, ne pensent qu'à leur bonheur. Tout est rose et brillant. C'est presque le paradis sur terre.

Mais quelque temps après la lune de miel, les difficultés commencent à apparaître, et les nouveaux époux se retrouvent parfois dos à dos. La période d'adaptation commence.

Les époux doivent apprendre très tôt dans leur vie conjugale que chaque être humain a ses limites, en dépit de son désir d'aimer et de contribuer au bonheur du foyer.

Tenant compte de ces limitations, et désirant aider les couples chrétiens à y faire face, nous allons considérer les points suivants:

I. Les vases de terre du mariage — 2 Corinthiens 4.7

II. Les paradoxes du mariage — 2 Corinthiens 4.8-9

III. La philosophie d'une relation durable —
2 Corinthiens 4.10-15

IV. Les secrets de croissance et d'endurance —
2 Corinthiens 4.16-18

I. LES VASES DE TERRE DU MARIAGE

2 Corinthiens 4.7

Bien que la déclaration de Paul — «nous portons ce trésor dans des vases de terre» — soit donnée dans le large contexte d'une discussion du ministère, elle a bien sûr son application directe pour le foyer et le mariage.

A. Les limitations individuelles

En tant qu'humains, nous sommes limités au point de vue physique, intellectuel, émotionnel, et spirituel. Les circonstances de la vie nous limitent aussi. La possibilité du dommage émotionnel au cours de l'enfance peut avoir des répercussions désavantageuses dans les premières années du ménage. La mort, les maladies incurables, le succès rapide de l'un des conjoints peuvent dissoudre le lien conjugal. La fatigue physique et émotionnelle peut constituer le facteur le plus important de limitation dans le mariage.

B. La confusion des rôles

Lorsqu'un jeune couple a son premier enfant, il se dessine parfois une certaine compétition entre le père et la mère. Petit à petit, l'enfant peut devenir le favori de l'un des époux qui le gâte, et amoindrit par là l'influence de l'autre époux. Une telle attitude peut causer des difficultés dans le ménage et gâcher l'éducation de l'enfant.

C. Le problème

Le divorce est souvent causé par des différences entre les époux en ce qui concerne leur estime personnelle. C'est ainsi que le mari se considère parfois inférieur à sa femme au niveau social, économique ou éducatif. D'autre part, si l'épouse pense qu'elle n'est bon qu'à rester à la maison et s'occuper des enfants, elle finira par se sentir beaucoup plus une servante qu'une compagne énergique contribuant au bonheur du foyer.

Chacun des époux doit donc conserver et cultiver le respect de soi, et en même temps se supporter l'un l'autre en pratiquant l'entraide mutuelle. Les époux qui s'estiment l'un l'autre cherchent à mettre en relief les bons côtés de l'être aimé, au lieu de souligner à tort et à travers les aspects négatifs de leur union.

Questions à discuter:

1. *Pourquoi peut-on dire qu'aucun mariage n'est parfait?*
2. *Quelle doit être la bonne attitude de chaque époux l'un envers l'autre?*

II. LES PARADOXES DU MARIAGE

2 Corinthiens 4.8-9

A. Il y a le paradoxe des tensions sans être réduit à l'extrémité — 2 Cor. 4.8*a*

Une vie sans aucun problème ou sans aucune difficulté ne serait pas du tout une vie réelle. Les problèmes font partie de l'existence et les problèmes créent des tensions. L'absence de toute tension équivaut à la mort, comme dans le cas du corps où les nerfs ne réagissent plus.

Mais la tension ne doit pas nécessairement conduire à l'extrémité, au découragement. Une attitude saine est de rechercher la solution des problèmes dans la communication, l'échange des idées et dans le calme. «Nous sommes pressés de toute manière … mais non dans le désespoir» (4.8*b*).

B. Il y a le paradoxe de la détresse sans désespoir — 2 Cor. 4.8*b*

Lorsque nous subissons une certaine tension, nous nous sentons au début dans la détresse, la confusion. Mais la prière, la méditation et une action positive peuvent nous aider à sortir de la confusion et éviter ainsi le désespoir.

IV. LES SECRETS DE CROISSANCE ET D'ENDURANCE

2 Corinthiens 4.16-18

A. Le corps se détruit, mais l'âme se renouvelle — 2 Cor. 4.16-18

Les enfants sont mariés ou ne vivent plus au foyer. Que reste-t-il du mariage? On n'est plus jeune et vigoureux! On n'est plus belle et charmante! On ne parle plus avec la même éloquence! On ne travaille plus comme auparavant! Comme le corps vieillit, il entraîne avec lui tout ce qui est secondaire au mariage. Mais ce dernier se renouvelle de jour en jour au moyen de la satisfaction d'une vie complète, de l'accomplissement des priorités, des souvenirs et des mémoires du passé, et de l'espoir d'une vieillesse à deux, calme et paisible.

La joie de vivre dépasse les peines et les souffrances de la vie. La joie de partager nos biens avec les autres, celle d'élever une famille, la joie de la vie éternelle avec Christ et l'Église, la joie de la croissance dans cette vie et dans l'au-delà. Nous pouvons faire face à la mort comme le passage d'un lieu à un autre lieu meilleur.

B. Le visible et l'invisible — 2 Corinthiens 4.18

Quand on atteint cette maturité, on ne s'inquiète plus des choses matérielles, sauf, bien sûr, du pain quotidien. Il s'agit du monde visible. Mais l'amour, la loyauté, l'amitié, les souvenirs sont les choses invisibles qui deviennent plus importantes que les voitures, le bétail, les champs, les maisons, les vêtements, les voyages, etc. Le chrétien accorde la priorité aux choses éternelles, ce qui lui permet de mettre les choses passagères dans leur vraie perspective.

Question à discuter:

Comment est-ce que l'on peut mener une vie satisfaite dans les années de vieillesse?

C. Il y a le paradoxe des malentendus sans être «abandonnés», rejetés — 2 Corinthiens 4.9*a*

Nous sommes «persécutés, mais non abandonnés» (4.9*a*). Les membres d'une famille font montrer de maturité lorsqu'ils peuvent avoir des malentendus entre eux sans toutefois être désunis. Ils peuvent ne pas voir les choses de la même façon, mais ils continuent quand même à s'entraider et se supporter.

Même lorsque les enfants se montrent difficiles, particulièrement durant leur période de croissance, les parents doivent se montrer compréhensifs et leur témoigner de l'amour. L'avenir de ces enfants dépend d'une telle attitude.

D. Il y a le paradoxe d'être «abattus, mais non perdus» — 2 Corinthiens 4.9*b*

Au cours du pèlerinage de la vie familiale, il y a des chutes, des blessures et des douleurs. Mais la famille chrétienne doit pouvoir sortir de ces expériences plus forte et plus unie. La première chose qu'un enfant doit savoir, quand il apprend à marcher, est de se relever après une chute et de continuer à marcher. Les membres d'une famille chrétienne doivent agir de même.

L'apôtre Paul en a lui-même fait la preuve de ce paradoxe dans sa vie. Que son exemple de courage nous stimule et nous encourage à vivre une vie de famille réussie.

Question à discuter:

Quelle doit être l'attitude des membres d'une famille quand un malentendu existe entre eux?

III. LA PHILOSOPHIE D'UNE RELATION DURABLE
2 Corinthiens 4.10-15

Paul nous a fait part de la philosophie qui l'a aidé à faire face aux problèmes de la vie. Chacun a une philosophie en ce qui concerne les affaires de la vie, qu'il s'agisse du foyer ou du mariage. Paul a développé une philosophie d'endurance que nous allons partager ensemble.

A. Une obéissance complète à Christ est un risque calculé — 2 Corinthiens 4.10-11

Se donner complètement à une autre personne en mariage pour le meilleur et pour le pire, jusqu'à ce que la mort nous sépare, est un risque calculé de la même façon qu'il y a un risque quand on se donne à Christ. L'essentiel c'est qu'il en vaut le peine!

B. Se rappeler du pouvoir de la résurrection — 2 Corinthiens 4.14

Quand le Pape Jean-Paul II se rendait en Turquie au fort de la crise des otages américains en Iran, il répondit aux officiers chargés de sa sécurité: «Ma vie est entre les mains de Dieu.» L'apôtre Paul se souvient toujours de la vie que donne Jésus-Christ au moyen de sa résurrection. Nous pouvons faire face à la vie d'une manière positive quand nous nous rappelons que nous sommes entre les mains de Celui qui est la résurrection et la vie. Cependant, il est bon de coopérer ensemble pour supporter et faire revivre la famille.

Paul croyait que sa vie pourrait engendrer de la gratitude et un esprit de remerciement dans la vie des autres, et cela glorifierait Dieu. Exprimer de la gratitude l'un envers l'autre fera dissiper le sentiment d'obligation qui sera remplacé par le plaisir et l'amour. Il en sera du plaisir pour l'un de faire quelque chose pour l'autre.

Question à discuter:

Quelle est votre philosophie du mariage?

Leçon 13

LE SYSTÈME DE SUPPORT DE L'ÉGLISE

PASSAGES BIBLIQUES

Romains 12.3-21; 1 Corinthiens 12.12-27

VERSET À RETENIR

«Vous êtes le corps de Christ, et vous êtes ses membres, chacun pour sa part» (1 Corinthiens 12.27).

BUT DE LA LEÇON

Aider les croyants à comprendre le rôle de l'Église en tant que système de support pour le mariage et la famille.

INTRODUCTION

Jésus a promis d'être avec son Église jusqu'à la fin. L'Église a connu dans le passé des jours mauvais et, sans doute, elle fera face à des moments plus durs que jamais. Mais même «les portes du séjour des morts, dit le Seigneur, ne prévaudront point contre elle» (Matthieu 16.18*b*). Qu'en est-il de la famille ou du foyer? Christ est le chef de l'Église et de la famille. L'Église continue de triompher malgré les attaques farouches du monde. Nous devons demeurer confiant dans le fait que l'Église, à son tour, va continuer à servir de support à la famille. Cela se fait par voie sacramentelle, individuelle, et communautaire.

Nous allons donc considérer les points suivants:

I.   L'Église: corps de Christ— 1 Corinthiens 12.12

II. Le support des sacrements — 1 Corinthiens 12.13

III. Le support l'un de l'autre — 1 Corinthiens 12.14

IV. Les forts et les faibles — 1 Corinthiens 12.22-26

I. L'ÉGLISE: CORPS DE CHRIST

1 Corinthiens 12.12

Nous les croyants formons l'Église, le corps de Christ. Le Seigneur Jésus ressuscité est celui qui anime ce corps et lui donne toute sa vitalité et toute sa vigueur.

En tant que membres du corps de Christ, nous devons retenir trois choses au sujet du système de support de la famille;

1. Les membres de la famille ont besoin du support l'un de l'autre tout comme les membres du corps de l'Église;

2. Respect des membres dans l'Église et respect mutuel des familles au sein du corps de Christ;

3. La compréhension au sein de la famille est une forme étendue de la compréhension humaine en général. Les personnes sont mieux comprises quand elles sont comprises dans le cadre de leurs familles.

Question à discuter:

Qu'est-ce qui rend l'Église vivante et agissante dans le monde?

II. LE SUPPORT DES SACREMENTS

1 Corinthiens 12.13

À côté du sermon dominical, l'Église locale doit avoir d'autres activités pour conduire les membres et les familles de l'Église vers l'unité spirituelle et corporelle.

A. Le sacrement de baptême

Il y a plusieurs implications dans le sacrement de baptême comme un système de support de l'Église pour la famille:

1. Être baptisé veut dire mourir, puis ressusciter pour une nouvelle vie avec Christ. Dans l'Église, cette nouveauté de vie doit être encouragée et fortifiée par les autres membres.

2. Le baptême c'est aussi l'incorporation dans le corps de Christ. Le chrétien ne devrait pas vivre une vie de solitude, étant membre de la famille. Il a besoin du support des autres membres de la famille de Dieu.

3. Le baptême surmonte aussi les barrières entre les races et les nations. Dans le passé, les Juifs et les Gentils étaient hostiles entre eux. Aujourd'hui, les noirs et les blancs, dans plusieurs pays, se querellent sur la question de la supériorité des races; mais en Christ ces barrières doivent disparaître. Le système de support de l'Église pour la famille doit éliminer ces barrières avec les armes de l'amour et de la pureté.

4. Le baptême peut résoudre aussi le problème des classes dans l'Église et porter les membres à s'unir pour une action concertée en vue de la transformation de leurs communautés.

B. Le sacrement de la Sainte Cène

Il paraît que Paul voulait expliquer aux chrétiens de Corinthe, et aussi à l'Église de nos jours, que le baptême et la Sainte Cène vont de pair. Le baptême a lieu au commencement de la nouvelle vie en Christ, tandis que la Sainte Cène est un souvenir continuel de la source chrétienne de la grâce dans la mort et la résurrection de Jésus-Christ. Le baptême est un symbole du pardon des péchés, tandis que la Sainte Cène est un moyen de renouveler les membres de l'Église à la source de la grâce.

Ces sacrements aident les familles chrétiennes à comprendre leur origine et leur destinée. Ils unissent les croyants sous la bannière de l'amour.

Question à discuter:

Comment la famille peut-elle trouver du support dans les sacrements?

III. LE SUPPORT L'UN DE L'AUTRE
1 Corinthiens 12.14

Le corps humain a besoin de la coopération de tous les organes qui le composent pour fonctionner pleinement, qu'ils soient petits, grands, visibles, invisibles, faibles ou forts. La perte de l'un de ces membres empêchera le fonctionnement normale du corps. Les membres du corps de Christ sont interdépendants. 1 Corinthiens 12.14-27 nous enseigne le principe d'unité dans la diversité. L'amour ne dépend pas du fait qu'on a un point de vue commun sur un sujet donné; l'amour vient plutôt des gens qui ont un but commun. Puisque tous les membres de l'Église ont le même but final, nous devons nous supporter les uns les autres pour pouvoir atteindre ce but.

Question à discuter:

Tous les membres du corps de Christ sont-ils importants? Expliquez.

IV. LES FORTS ET LES FAIBLES

1 Corinthiens 12.22-26

Tous les membres du corps de Christ (l'Église) n'ont pas la même beauté physique ou la même force musculaire. Certains sont forts, d'autres sont faibles. Paul a fait trois grandes remarques sur ce point:

A. Les faibles sont nécessaires – 1 Corinthiens 12.22-26

Nous vivons dans un monde où la raison du plus fort semble être toujours la meilleure. On a souvent tendance à mépriser les faibles, les déshérités, et les minorités. Paul attire notre attention sur ce point en disant que les faibles sont aussi nécessaires que les forts. Nous devons aimer les membres de la famille de Christ non parce qu'ils sont forts ou faibles mais parce que nous sommes tous membres d'un seul corps.

B. L'apparence attrayante de certains membres – 1 Corinthiens 12.23-24

Certains membres paraissent plus forts, plus attrayants dans l'Église, D'autres membres ou dirigeants ont toujours tendance à s'adresser à ces membres pour les activités de l'Église et à mépriser les autres. Une telle attitude est contraire aux concepts de l'Église comme épouse et corps de Jésus-Christ. Les forts et les faibles, les riches et les pauvres doivent se supporter et s'entraider.

C. Le support des membres doit être mutuel – 1 Corinthiens 12.25-26

Selon Paul, il y a trois choses qui sont importantes pour la mutualité dans le corps de Christ ou l'Église:

1.   Avoir de l'unité et du souci les uns pour les autres;

2.   Partager la souffrance des autres; et

3.   Partager la joie et la réussite des autres.

Il est beaucoup plus facile de partager la joie et le succès au lieu de la souffrance et de l'échec; mais si nous sommes membres du corps de Jésus-Christ, nous devons apprendre à nous entraider et nous supporter.

Question à nous discuter:

Quel est le niveau d'Interdépendance parmi les membres du corps de Christ?

SOMMAIRE

LA BIBLE ET LA FAMILLE